CAPITAL HUMANO NO TRABALHO

O valor da experiência

Prof. Marcão – Marcus Vinícius Pinto

2024

CAPITAL HUMANO NO TRABALHO

© **Copyright 2024 - Todos os direitos reservados.**

As informações fornecidas neste documento são declaradas verdadeiras e consistentes, em que qualquer responsabilidade, em termos de desatenção ou de outra forma, por qualquer uso ou abuso de quaisquer políticas, processos ou orientações contidas nele é a responsabilidade única e absoluta do leitor.

Sob nenhuma circunstância qualquer responsabilidade legal ou culpa será mantida contra os autores por qualquer reparação, dano ou perda monetária devido às informações aqui contidas, seja direta ou indiretamente.

Os autores possuem todos os direitos autorais desta obra.

Questões legais

Este livro é protegido por direitos autorais. Isso é apenas para uso pessoal. Você não pode alterar, distribuir ou vender qualquer parte ou o conteúdo deste livro sem o consentimento dos autores ou proprietário dos direitos autorais. Se isso for violado, uma ação legal poderá ser iniciada.

As informações aqui contidas são oferecidas apenas para fins informativos e, portanto, são universais. A apresentação das informações é sem contrato ou qualquer tipo de garantia.

As marcas registradas que são utilizadas neste livro são utilizadas para exemplos ou composição de argumentos. Este uso é feito sem qualquer consentimento, e a publicação da marca é sem permissão ou respaldo do proprietário da marca registrada e são de propriedade dos próprios proprietários, não afiliado a este documento.

As imagens que estão aqui presentes sem citação de autoria são imagens de domínio público ou foram criadas pelos autores do livro.

Aviso de isenção de responsabilidade:

Observe que as informações contidas neste documento são apenas para fins educacionais e de entretenimento. Todos os esforços foram feitos para fornecer informações completas precisas, atualizadas e confiáveis. Nenhuma garantia de qualquer tipo é expressa ou implícita.

Ao ler este texto, o leitor concorda que, em nenhuma circunstância, os autores são responsáveis por quaisquer perdas, diretas ou indiretas, incorridas como resultado do uso das informações contidas neste livro, incluindo, mas não se limitando, a erros, omissões ou imprecisões.

ISBN: 9798364677600

Selo editorial: Independently published

Sumário

1 O CONHECIMENTO NOS ANOS ESCOLARES É IMPORTANTE?   19

1.1   A DIFÍCIL RELAÇÃO ENTRE O ALUNO DAS ESCOLAS E SUA VERSÃO COMO PROFISSIONAL. 26
1.2   O DESAFIO DA INFORMAÇÃO   29

2 INFORMAÇÃO – A MATÉRIA-PRIMA DE TUDO.   42

2.1   HISTÓRIA DE CHAPEUZINHO VERMELHO NAS MANCHETES DAS PRINCIPAIS REVISTAS E JORNAIS   52
2.2   O VALOR DA INFORMAÇÃO   55
2.3   INFORMAÇÃO E SISTEMA DE INFORMAÇÃO ESTRATÉGICO   61
2.4   SISTEMAS DE INFORMAÇÃO E DE RECUPERAÇÃO DE INFORMAÇÃO: GÊNEROS DE UMA MESMA ESPÉCIE?   64
2.5   CAOS   68
2.6   CIÊNCIA DA INFORMAÇÃO   71

3 CAPITAL HUMANO NO TRABALHO. O VALOR DA EXPERIÊNCIA.   77

3.1   EXPERIÊNCIA DE TRABALHO AGREGA AO VALOR DO CAPITAL HUMANO   80
3.2   EXPERIÊNCIA DE TRABALHO CONTRIBUI COM 40 A 60% DO CAPITAL HUMANO DE UM TRABALHADOR   82
3.3   QUANTO MAIS OUSADO O MOVIMENTO, MAIOR O IMPULSO.   90
3.3.1   ENTENDER O POTENCIAL NAS PESSOAS, BEM COMO SEUS CONHECIMENTOS E HABILIDADES ATUAIS.   94
3.3.2   ABRAÇAR A MOBILIDADE.   97
3.3.3   FORTALECER O COACHING, ESPECIALMENTE NO INÍCIO DO MANDATO DE UM FUNCIONÁRIO.   98

4 O CONHECIMENTO NECESSÁRIO QUE TODO PROSSIONAL DO MUNDO MODERNO DEVE TER.   103

4.1	Curso superior.	107
4.2	Pós-graduação.	108
4.3	O profissional desejado pelas empresas é um empreendedor?	112
4.4	Uma network também influencia no seu conhecimento.	115

5	**CONHECIMENTO. O SEU CAPITAL HUMANO.**	**121**
5.1	Significado de conhecimento	121
5.2	Quais os tipos de conhecimento	123
5.2.1	Conhecimento de senso comum	123
5.2.2	Conhecimento teológico	123
5.2.3	Conhecimento filosófico	124
5.2.4	Conhecimento científico	124
5.2.5	Conhecimento para a Filosofia	126
5.2.6	Fé.	128
5.3	A vida é uma escola.	132
5.4	**MITO DA CAVERNA.**	**134**
5.4.1	O que o Mito da Caverna diz?	135
5.4.2	Interpretação do Mito da Caverna	137
5.4.3	Como o Mito da Caverna se encaixaria nos dias de hoje?	138
5.4.4	A República, o livro que contém o Mito da Caverna	140

6	**FAKE NEWS OU COMO DESVALORIZAR A IMPORTÂNCIA DA EXPERIÊNCIA.**	**142**
6.1	O que significa fake news?	143
6.2	Como funcionam as fake news?	143
6.3	Exemplos e consequências de fake news	145
6.4	Como combater as fake news?	146
6.5	A ciência falsa pode ser fatal.	147
6.6	As informações validadas precisam ser postas em prática.	148
6.7	Evolução da validação científica.	149
6.8	O cenário em mudança: a revolução na produção de conhecimento.	150
6.9	Consequências para a ciência e para a publicação e avaliação científica	152
6.10	Caminhos a seguir	154
6.11	Qual é o papel de um líder para impedir notícias falsas no local de trabalho? **158**	

6.12	O QUE É DESINFORMAÇÃO NO LOCAL DE TRABALHO E COMO IDENTIFICÁ-LA?	158
6.13	6 MANEIRAS DE ACABAR COM AS FAKE NEWS NO LOCAL DE TRABALHO.	160

7 SOFT SKILLS: O QUE SÃO, EXEMPLOS E COMO DESENVOLVER. 165

7.1	O QUE SÃO SOFT SKILLS?	166
7.2	EXEMPLOS DE SOFT SKILLS	166
7.3	QUAIS SÃO AS SOFT SKILLS MAIS DEMANDADAS PELAS EMPRESAS?	167
1.1	QUAIS SÃO AS DIFERENÇAS ENTRE SOFT SKILLS E HARD SKILLS?	168
7.4	QUAL A IMPORTÂNCIA DAS SOFT SKILLS?	168
7.5	COMO AVALIAR SOFT SKILLS DURANTE A ENTREVISTA DE EMPREGO?	169
7.6	COMO DESENVOLVER SOFT SKILLS NOS SEUS COLABORADORES?	170
7.7	QUAIS FERRAMENTAS PODEM SER USADAS NO DESENVOLVIMENTO DE SOFT SKILLS?	172
7.8	A LIDERANÇA. A PRINCIPAL SOFT SKILL DO PROFISSIONAL BEM-SUCEDIDO.	172

8 ANDRAGOGIA – ENSINO DE ADULTOS. 177

8.1	ANDRAGOGIA NAS EMPRESAS	182
8.2	ALGUNS PRINCÍPIOS BÁSICOS	184
8.3	ADMINISTRAÇÃO EM RH	186
8.4	CONFRONTO DE GERAÇÕES	187

9 CONCLUSÃO. 190

10 PERGUNTAS FREQUENTES. 193

10 REFERÊNCIAS BIBLIOGRÁFICAS. 201

11 CONHEÇA O AUTOR. 212

11.1	PROF. MARCÃO - MARCUS VINÍCIUS PINTO.	212
11.2	ALGUNS LIVROS PUBLICADOS PELO PROF. MARCÃO.	214
11.3	LIVROS SOBRE DADOS ABERTOS DO PROF. MARCÃO.	216
11.4	COMO CONTATAR O PROF. MARCÃO.	217

Índice de Ilustrações.

Figura 1 - Citação José Lima. _____ 13
Figura 2 – Citação Aristóteles - a experiência. _____ 14
Figura 3 – Mafalda e o Mundo doente. _____ 17
Figura 4- O jovem a escola atual. _____ 19
Figura 5 – Zygmunt Bauman. _____ 21
Figura 6 – Bauman e o questionar. _____ 22
Figura 7 – Marcel Gouchet. _____ 24
Figura 8 – O aprendizado é de fato útil? _____ 27
Figura 9 - Vannevar Bush. _____ 31
Figura 10– Science, the endless frontier. _____ 32
Figura 11 – As we may think. _____ 33
Figura 12 – Einstein e o questionamento. _____ 35
Figura 13 - Tim Berners-Lee. _____ 36
Figura 14 - Informação ou bagunça? _____ 37
Figura 15 – Crescimento da produção de dados _____ 38
Figura 16 – Um minuto na Internet em 2021. _____ 39
Figura 17 – Competências do profissional de TI. _____ 40
Figura 18 - Uma lupa tem uso? _____ 42
Figura 19 – O Golem de Praga. _____ 44
Figura 20 – O Golem e o Rabino. _____ 45
Figura 21 – Ultron, um vilão produto da informação. _____ 47
Figura 22 - Tony Stark e suas criações tecnológicas. _____ 47
Figura 23 - Mickey Aprendiz de Feiticeiro. _____ 48
Figura 24 - Laocoön and His Sons. _____ 50
Figura 25 - O Lobo e Chapeuzinho Vermelho. _____ 53
Figura 26 – Modelo do relacionamento entre oferta e demanda. _____ 56
Figura 27 - Subdivisões dos dados. _____ 58
Figura 28 - O que os dados podem produzir. _____ 59
Figura 29 – Informação organizacional X estratégica. _____ 63
Figura 30- Abordagem Sistêmica. _____ 67
Figura 31 - Caos. _____ 70
Figura 32 – Ciência da Informação. _____ 74
Figura 33 – Só a experiência habilita o profissiona _____ 78
Figura 34 - Shakespeare e a busca pelo trabalho. _____ 79
Figura 35 - A difícil escalada profissional. _____ 81

Figura 36 – A diferença que a experiência faz. ___ 86
Figura 37 – Capital humano como fator profissional. ___ 88
Figura 38 – A dedicação do profissional. ___ 89
Figura 39 – Mafalda e o problema do certo e errado. ___ 93
Figura 40- Aceso ao ensino superior. ___ 107
Figura 41 – Quadrante do conhecimento. ___ 110
Figura 42 – Estrutura de níveis hierárquicos. ___ 111
Figura 43 – Uma boa network pode fazer toda a diferença. ___ 116
Figura 44 – Conhecimento. ___ 122
Figura 45 - John Locke é uma importante figura do empirismo moderno. ___ 127
Figura 46 - O processo de aprendizado. ___ 132
Figura 47 - O Mito da Caverna, ou Alegoria da Caverna. ___ 135
Figura 48 – Uma sombra na parede. ___ 136
Figura 49- Platão é um dos pensadores da Grécia Antiga. ___ 137
Figura 50 – Muito acesso, pouco conhecimento. ___ 139
Figura 51 - Notícias falsas são compartilhadas, principalmente, em redes sociais. ___ 142
Figura 52 - Os hackers das notícias falsas geralmente atuam em uma zona da internet chamada deep web. ___ 144
Figura 53 - As chances de uma notícia falsa ser repassada são bem maiores que as de uma notícia verdadeira. ___ 146
Figura 54 – Fake News chegam a gerar sofrimento nas equipes. ___ 159
Figura 55 – Soft Skills. ___ 165
Figura 56 – Pedagogia Vs Andragogia. ___ 177
Figura 57 – Andragogia. ___ 179
Figura 58 – Andragogia. ___ 183
Figura 59 – O Valor do Capital Humano. ___ 190
Figura 60 – Dilbert e o mundo corporativo. ___ 192
Figura 61 - O Valor do Capital Humano. ___ 212
Figura 62 – Alguns livros do Prof. Marcão. ___ 216
Figura 63 – Vamos valorizar os professores. ___ 218

*Para minha amada Andréa,
que pode não estar sempre certa,
mas tem sempre razão.*
Prof. Marcão – Marcus Vinícius Pinto

Prefácio

A análise do valor do profissional atual implica em discorrer sobre o enigma dos desafios que permeiam as técnicas e práticas utilizadas no ambiente empresarial.

Este livro nasceu da minha experiência como empresário com o objetivo de atender a diferentes públicos que buscam mais do que um título e conteúdos sobre o valor da experiência como balizador da empregabilidade e da trabalhabilidade do profissional e da sua capacidade como empreendedor e intraempreendedor.

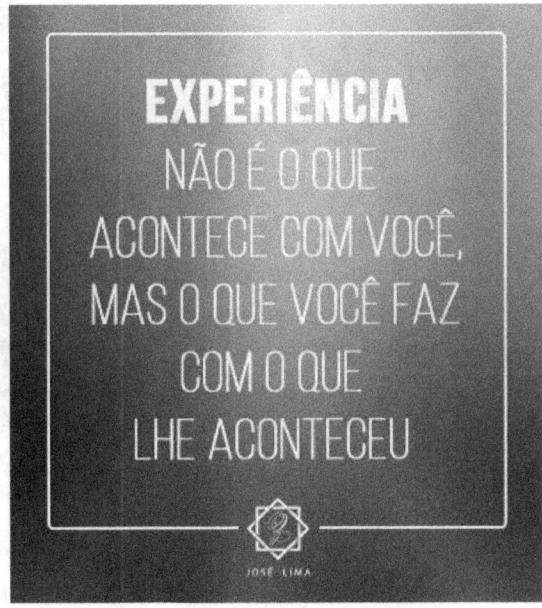

Figura 1 - Citação José Lima.

Este livro possui várias características que o tornam uma obra diferenciada para você que busca compreender como valorizar a experiência no mundo corporativo e empresarial.

Em primeiro lugar oferece uma perspectiva técnica a partir da observação da dinâmica do "petróleo da economia moderna", a informação. Aborda a questão da experiência humana como gerador da atitude empreendedorista do profissional. Perpassa a questão do conhecimento como insumo para toda e qualquer atividade do ser humano.

Trata de uma questão que compromete o valor da experiência do profissional: a fake News. Inclui nesta visão as soft skills como fator de diferencial profissional.

Os capítulos finais que tratam da andragogia e da inteligência/exteligência encerram o pensamento que vai, com certeza, levar sua ideia de ser humano como ser trabalhador e empreendedor para um nível que você não imaginava possível.

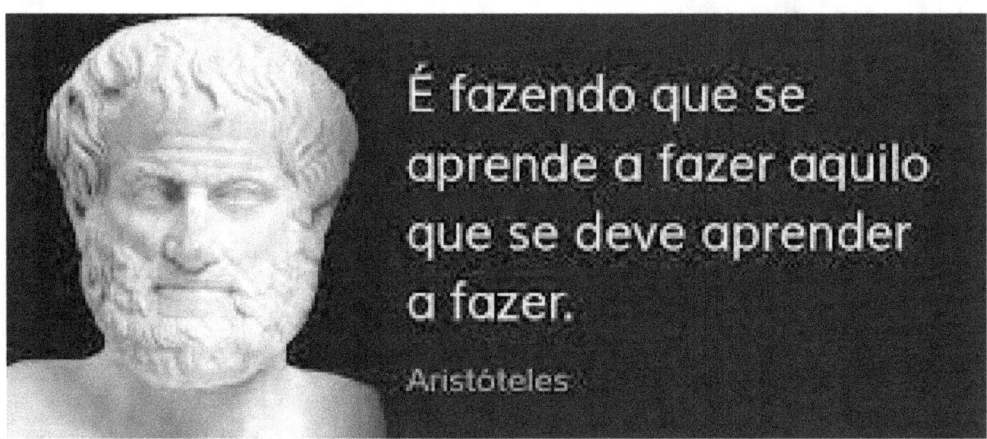

Figura 2 – Citação Aristóteles - a experiência.

Perceba que um dos subprodutos deste livro é o paralelo apresentado entre conhecimento e competência de forma oportuna e atual, pois hoje mais do que conhecimento se exige de todos os níveis profissionais a competência de "fazer acontecer" rumo a consolidação de posições e alcance de resultados.

Encerro este prefácio com duas citações inspiradoras do mundo da administração. A primeira vem de José Lima, que nos lembra: "A análise do valor do profissional atual implica em discorrer sobre o enigma dos desafios que permeiam as técnicas e práticas utilizadas no ambiente empresarial."

E a segunda citação é de ninguém menos que Aristóteles, que nos ensina sobre a importância da experiência: "A experiência é o melhor mestre de todas as coisas."

Com base nessas reflexões, convido você a mergulhar nesta obra que aborda o valor da experiência, o conhecimento como insumo essencial e a competência de "fazer acontecer" no mundo corporativo. Desenvolva suas habilidades empreendedoras, explore as soft skills e compreenda como a andragogia e a inteligência/exteligência podem elevar sua jornada profissional a níveis que você jamais imaginou serem possíveis.

Este livro foi escrito com o intuito de atender diferentes públicos em busca de um entendimento mais profundo sobre o valor da experiência no ambiente empresarial. Sua perspectiva técnica e atemporal nos conduz a reflexões fundamentais para alcançarmos sucesso e resultados sólidos no mundo dos negócios.

Não perca a oportunidade de adquirir esta obra diferenciada, que contém um paralelo oportuno entre conhecimento e competência. Prepare-se para se destacar profissionalmente e consolidar posições de destaque em sua carreira. Lembre-se, o conhecimento é essencial, mas a competência em transformá-lo em ação é o que nos faz verdadeiros protagonistas do sucesso.

Invista em si mesmo, sempre!

Boa leitura!

Bons aprendizados!

Prof. Marcão - Marcus Vinícius Pinto
Professor, fundador, CEO e coordenador pedagógico da MVP Consult.

Os maiores inimigos do crescimento profissional são a falta de motivação e o comodismo.

É quando a pessoa não sabe aonde quer chegar e se contenta em ficar onde está.

Susanne Diniz

Figura 3 – Mafalda e o Mundo doente.

1 O CONHECIMENTO NOS ANOS ESCOLARES É IMPORTANTE?

Nas últimas décadas, ocorreu no Brasil, uma gradativa ampliação do acesso à escolarização para os grupos menos favorecidos da população, mas esse crescimento não está garantindo a democratização do acesso aos conhecimentos que tal escolarização propõe viabilizar.

Tal desafio é uma questão fundamental quando se pretende propiciar a qualidade social da educação. A questão é a qualidade da educação básica, no sentido defendido por autores como Dourado e Oliveira (2009); Silva (2009), dentre outros, compreendida na perspectiva de qualidade social.

O que os jovens, as jovens e as pessoas adultas consideram que estão aprendendo na escola média? Como as tecnologias são veiculadas nesse contexto?

As relações com as tecnologias e as aprendizagens delas recorrentes seriam incompatíveis com os modos de aprender na escola tradicional? Esses artefatos culturais estariam dificultando as aprendizagens escolares? Ou, em outra direção, seriam tais artefatos as soluções para resolver as questões do aprender na escola?

Figura 4- O jovem a escola atual.

A sociedade de produtores, para Zigmunt Bauman, é o modelo principal da fase sólida da modernidade, fundamentava-se na segurança estável, na estabilidade segura, na disciplina e na subordinação e se baseava na rotinização do comportamento individual.

Com a mudança de foco da sociedade, que coloca em primeiro plano o consumo, identifica-se a transformação da relação com o tempo. Este não é mais apreendido como cíclico ou linear, mas se apresenta como fragmentado, ou mesmo pulverizado numa multiplicidade de instantes eternos.

A vida, seja individual ou social, não passa de uma sucessão de presentes, uma coleção de instantes experimentados com intensidade variados.

Como explica o autor, nesse modo de compreender o mundo não se valoriza a noção de progresso, possibilitado pelos esforços humanos.

> *"A ideia do tempo da necessidade foi substituída pelo conceito de tempo de possibilidades, aberto em qualquer momento, pela imprevisibilidade do novo. O que importa é o momento presente, não perder a oportunidade, pois não haveria nova chance. Essa pressa é em parte justificada pelo impulso em adquirir coisas e pela necessidade de substituí-las e descartá-las.*

Acredita-se na possibilidade de comprar a felicidade, não prometida para a vida eterna, mas acessível na vida terrena. A ideia predominante é de que para ser feliz todos precisam ser, devem ser e têm que ser consumidores por vocação; justifica-se que consumir é um direito humano universal que não conhece exceção.

Assim, a sociedade dos consumidores não reconhece diferenças de idade ou gênero. Tampouco reconhece distinções de classe. Os pobres passam a gastar o pouco dinheiro que possuem com objetos de consumo para evitar a exclusão, e, desse modo, deixam de satisfazer suas necessidades básicas.

Figura 5 – Zygmunt Bauman[1].

Os sujeitos sentem a necessidade de consumir para proteger a autoestima, para não se sentirem "inadequados, deficientes e abaixo do padrão". Os profissionais, de todos os níveis, não escapam deste cenário ao ostentar todo tipo bens de consumo em suas redes sociais.

Para Bauman,

> "Consumir, portanto, significa investir na afiliação social de si próprio".

Conclui o autor que os membros de uma sociedade de consumidores são eles próprios mercadorias de consumo, e é a qualidade de ser uma mercadoria

---

[1] Filósofo, sociólogo, professor e escritor polonês. Sua obra influencia estudos em sociologia, filosofia e psicologia. É um dos maiores intelectuais do século XXI. Ao estudar as interações humanas na Modernidade tardia, também denominada Pós-Modernidade, ele percebeu que "as relações escorrem pelo espaço entre os dedos".

Educação & Realidade, para eles, estabelece seu valor no mercado de trabalho.

Nesse contexto, os conceitos de responsabilidade e escolha responsável, que antes residiam no campo do dever ético e da preocupação moral pelo outro, transferiram-se ou foram levados para o reino da autorrealização.

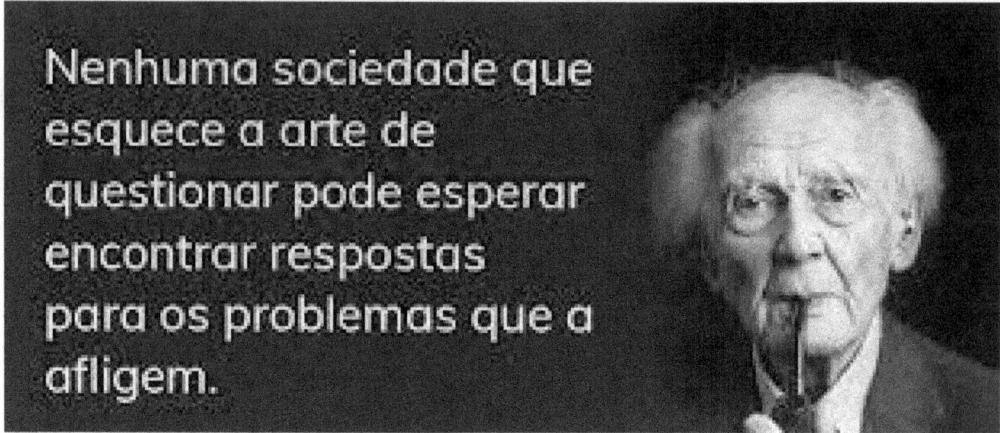

Figura 6 – Bauman e o questionar.

Para serem reconhecidos pelos outros, por sua tribo, os sujeitos devem fazer parte dessa lógica de consumo, sob o risco de serem ridicularizados e considerados menos capazes do que os outros.

Nessa mesma perspectiva, a escolarização e o aprender passam a ser uma mercadoria como tantas outras. O conhecimento é valorizado em sua dimensão instrumental, para atender a essa demanda de consumo. Bauman não trata da escolarização em sua análise sobre a sociedade de consumo, mas explica que nem o aprendizado ou o esquecimento podem escapar ao impacto da tirania do momento, auxiliada e instigada pelo contínuo estado de emergência e do tempo dissipado numa série de novos começos heterogêneos e aparentemente, apenas aparentemente, desconectados.

A vida de consumo não pode ser outra coisa que uma vida de aprendizado rápido, mas também precisa ser uma vida de esquecimento veloz. Esquecer é tão importante quanto aprender – se não for mais.

CAPITAL HUMANO NO TRABALHO

O autor afirma que a concepção dominante de aprender nessa sociedade não escapa à tirania do momento; é preciso ser rápido para atender a esse estado de emergência.

Nessa perspectiva, a escolarização é valorizada, em grande parte, por possibilitar o diploma, materializado como uma mercadoria de consumo, como passaporte necessário para um futuro melhor.

Como consequência temos que a empregabilidade e o valor do capital humano são tão efêmeros quanto as postagens nas redes sociais. Se o conhecimento é esquecível o valor da experiência segue a mesma trilha.

O diploma justifica em grande parte o investimento nos estudos, mas, nas últimas décadas, tal justificativa apresenta-se cada vez mais como contraditória, já que a relação sociedade e educação escolar tem se transformado.

Se no passado poucos tinham acesso aos patamares mais elevados de estudo e, portanto, o diploma de certo modo garantia um lugar no mercado de trabalho, atualmente, apesar de o diploma ser valorizado nessa sociedade, não se garante que sua obtenção seja o passaporte para um futuro melhor, como outrora.

O discurso atual de consumismo em relação ao aprender é perpassado pela prerrogativa do acesso ao novo, ao aprendizado mais atualizado. Bauman explica ainda que, como tantas outras mercadorias para o consumo, o aprendizado também é compreendido nesta lógica do esquecimento, pois será preciso renová-lo, sempre, na busca de aprender algo novo; portanto, podemos inferir que, nessa lógica,

"Aprender deve ser algo rápido, descartável."

Não seria necessário o esforço, a dedicação de tempo de trabalho intelectual para obter tal aprendizado.

Nesse sentido, os argumentos de Gauchet dialogam com estes apresentados por Bauman. Gauchet focaliza em seus argumentos que a crise de sentido que a escola transmite em nossa sociedade pode ser explicada, dentre outros aspectos, pela perda da dimensão da tradição e pela alteração do estatuto social do conhecimento, do saber e da cultura.

Para o autor, passamos, nas últimas décadas, por um esvaziamento do valor do passado, por uma mudança na maneira de nos relacionarmos com ele; em outras palavras, por uma mudança no estatuto do saber.

Segundo Gauchet, esse processo envolve tornar o passado um patrimônio, algo venerado coletivamente, mas exterior às nossas vidas. Nós o visitamos, mas não sentimos necessidade de apropriá-lo por uma crença de que é possível viver sem ele. O sujeito assiste, portanto, à objetivação do saber, um trabalho atribuído aos experts.

Figura 7 – Marcel Gouchet.[2]

---

[2] Filósofo e historiador francês nascido em 1946 em Poilley. Diretor de estudos emérito da École des Hautes Etudes en Sciences Sociales. Foi editor-chefe da revista Le Débat (Gallimard), uma das principais revistas intelectuais francesas, que fundou com Pierre Nora em 1980 e que morreu em 2020.

As informações chegam sem outra mediação, não precisamos trabalhar para recebê-la e as recebemos de forma passiva, tais como as informações da televisão, da Internet etc. As novas tecnologias são consideradas capazes de oferecer rapidamente as novas informações de que tanto precisamos.

Estamos ávidos para obtê-las.

Para Gauchet, essas transformações atingem o estatuto dos saberes e da cultura na nossa sociedade. O sentido do saber passa a ser procurado em escala individual. Há uma desvalorização do conhecimento do passado, como se ele não tivesse nada a nos dizer.

Anteriormente, as referências de quem somos eram construídas mediante a nossa inscrição no passado e no grupo do qual fazíamos parte, e, atualmente, privilegia-se trabalhar os saberes do presente e antecipar o futuro.

No contexto da educação, surge um questionamento fundamental acerca do conteúdo a ser ensinado: o que deve ser selecionado da vasta e diversificada cultura para compor as bases do ensino? Esse dilema revela uma não legitimação automática da cultura transmitida pelas gerações anteriores, implicando em uma reflexão crítica sobre os valores e conhecimentos que estão sendo repassados.

Simultaneamente, observa-se uma valorização intrínseca do ato de aprender, muitas vezes entendido como um processo natural e espontâneo, sendo dispensável um esforço consciente e diligente para sua conquista. Essa concepção, por sua vez, promove a construção de uma outra representação do conhecimento e da aprendizagem na vida do indivíduo, moldando sua visão de mundo e estabelecendo as bases de sua formação intelectual e cultural.

Conforme Gauchet, a sociedade renuncia a sua função de intelectualização. Bauman explica que, nesta sociedade de consumidores, além do excesso de mercadorias para consumir, há também uma grande quantidade de informações à disposição para servir a essa lógica de busca pelo novo, de atendimento às demandas do tempo presente.

Jair Santos, por sua vez, analisa a invasão da tecnologia eletrônica de massa e individual que ocorre a partir da década 1980 do século passado em nossa sociedade, processo que ficou conhecido como Era da Informática. A tecnologia tornou-se mediadora da relação entre os sujeitos e o mundo, ao programar cada vez mais seu cotidiano e refazer este mundo como um espetáculo.

A economia passou para uma fase de consumo personalizado, e, dessa forma, tenta seduzir o indivíduo isoladamente e em sua moral hedonista. Para esse autor, estas e outras transformações são típicas das sociedades pós-industriais, baseadas na Informação. Machado (2004) faz uma crítica ao modo como os sujeitos em nossa sociedade se relacionam com essa avalanche de informações.

Explica que essa sociedade é algumas vezes rotulada de sociedade do conhecimento e, outras vezes, de sociedade da informação. Ressalta que o acesso às informações não significa necessariamente ter uma ascensão a conhecimentos ou, em outras palavras, à possibilidade para o sujeito refletir sobre o mundo, de ampliar sua relação com o saber (Charlot, 2000), ou seja, seus modos de compreender o mundo, os outros e a si mesmos.

1.1 A difícil relação entre o aluno das escolas e sua versão como profissional.

Não se pode negar o confronto entre o modelo secular de instituição escolar, que ainda tem força na atualidade, e essas mudanças na relação dos sujeitos com o aprender em nossa sociedade.

As raízes da forma escolar se fundamentam na transmissão de uma verdade, a partir de uma perspectiva única e que deveria ser reproduzida aos sujeitos para adentrar ao mundo da Cultura legítima.

Nessa mesma perspectiva, se os modos de aprender na escola ainda apresentam indícios dessas raízes da forma escolar moderna, tornam-se evidentes também as tensões no espaço escolar em relação a como se relacionar com as novas tecnologias, dentre outros aspectos, porque se torna difícil, para aqueles que aderem a determinado modo de conceber o que é aprender na escola, considerar legítimos os processos de aprender a partir de outros artefatos culturais, como explica Costa.

Esse espaço de tensões é intensificado nas instituições escolares que, envoltas com essas questões, também se confrontam com outros desafios. Essas instituições são fruto da massificação do ensino e recebem jovens e adultos que no passado não tinham acesso à escolarização.

Eles chegam nessa escola média e vislumbram obter os diplomas para um futuro melhor. Portanto, a ideia da obtenção do diploma como motivo externo para estar no ensino médio se articula com a visão dominante do aprender como uma mercadoria de consumo rápido, visão que por sua vez se torna fortalecida pela própria forma escolar dominante, de transmitir os conhecimentos como verdades para propiciar o aprender na escola.

Figura 8 – O aprendizado é de fato útil?

Vários são os desafios. Apesar dos discursos governamentais de democratização do acesso aos estudos, de avanços na viabilização da qualidade na educação básica e na ampliação do acesso ao ensino médio.

Não se pode negar o lugar importante da televisão e da internet, por exemplo, como viabilizadoras de variadas informações e do potencial do mundo virtual para propiciar novos modos de socialização, de relação com os outros, de contato com o mundo. Porém, torna-se necessária a mediação, a problematização, a desnaturalização das informações veiculadas como verdades.

O uso crítico das tecnologias pode não só permitir ao aluno ter acesso à informação variada e atualizada, como também oferecer condições para uma prática de estudo e um conhecimento diferente, abrindo espaço para a curiosidade e a criatividade e novas possibilidades de informação e descobrimento; de ampliação de seu universo de referência e de intercâmbio com outras culturas.

O aprendizado na escola pode ter um papel privilegiado, nesse sentido, e que não se pode tratar dos desafios da qualidade social da educação básica e, em especial, do ensino médio se não houver um aprofundamento a respeito das denúncias dos próprios jovens e adultos em relação às dificuldades para a apropriação das aprendizagens escolares.

No entanto, pensar na questão do aprender perpassa outros aspectos, dentre eles, que as condições objetivas sejam asseguradas e que os próprios professores nele envolvidos possam participar como atores nos modos de pensar os desafios de ensinar nesse contexto.

> *Não se aprende a pensar criticamente se não há espaços de autoria, de criação para aqueles que são mediadores e partícipes desse processo.*

Como explica Biarnès, trabalhar com a diversidade dos estudantes na escola, tanto do ponto de vista cultural, como de suas singularidades, não pode ser interpretada como, simplesmente, o ato de procurar conhecer a realidade cultural e individual de cada estudante.

Saber a priori sobre o outro é fechar a possibilidade dessa emergência.

Essas questões são fundamentais quando se pretende viabilizar na escola média espaços de desnaturalização dos modos dominantes de aprender como mercadoria e como mera recepção de verdades prontas, o que pressupõe considerar legítima a circulação de artefatos culturais da contemporaneidade como objetos de aprendizagem, como as informações obtidas pelas mídias, pela internet, redes sociais, desde que sejam problematizadas, questionadas, investigadas.

As tecnologias em si não são problema e nem a salvação para a educação escolar. As discussões e propostas de utilização desses artefatos culturais no ensino médio e em qualquer espaço de formação escolar precisam estar inseridas nos processos de luta política contra determinadas representações sobre os modos de aprender, para que todos os estudantes, e principalmente aqueles que recentemente puderam nela adentrar, tenham acesso a processos significativos de apropriação de conhecimentos e, portanto, haja avanços na viabilização da propagada qualidade social da educação básica.

Fica a questão:

Como formar profissionais que tragam consigo seu capital humano tendo escolas tão esvaziadas de conteúdo?

1.2 O DESAFIO DA INFORMAÇÃO

A maioria dos autores, ao abordarem o tema da informação, iniciam seu pensamento argumentando que a humanidade sempre esteve ligada a uma variedade de dados e que a ubiquidade da Internet materializa um cenário informacional cada vez mais complexo.

Pois é! Aqui não poderia ser diferente, pois este contexto é o motivo dos estudos, e orientações e conclusões que trago a você neste livro.

A evolução exponencial do volume de informação disponibilizado pelas bases de dados nos sistemas de informação que alimentam aplicativos e portais torna necessário o desenvolvimento de métodos eficientes de análise e organização de grandes quantidades de informação.

Este desafio deu origem à Ciência da Informação.

A Ciência da informação, segundo a Wikipedia, é um campo interdisciplinar principalmente preocupado com a análise, coleta, classificação, manipulação, armazenamento, recuperação e disseminação da informação. Ou seja, esta ciência estuda a informação desde a sua gênese até o processo de transformação de dados em conhecimento.

Alguns profissionais afirmam que a Ciência da Informação pode ser dividida em seis correntes teóricas. Elas são:

1. Estudos de natureza matemática (incluindo a recuperação da informação e a bibliometria).

2. Teoria sistêmica (origem em princípios da biologia).

3. Teoria crítica (fundamentam-se principalmente nas humanidades – particularmente na filosofia e na história).

4. Teorias de classificação e representação.

5. Estudos em produção e comunicação científica.

6. Estudos de usuários (seu objetivo era o de mapear características de determinada população para planejar as informações mais adequadas a serem oferecidas com fins de educação e socialização).
7. Dentre as áreas de estudo desta ciência eu considero que as principais são a modelagem de dados, a dicionarização e o controle de dados históricos.

O profissional que estuda e trabalha com a Ciência da Informação tem como campo de atuação todas as áreas de conhecimento do ser humano, tais como cinematecas, data centers, bibliotecas. hospitais, centros culturais, organizações da administração pública e organizações privadas de todos os setores, pois todas precisam organizar, armazenar e recuperar suas informações da melhor forma possível e o mais rápido que a tecnologia permitir.

Entretanto, a ciência da informação não é resultado da evolução tecnológica atual. No século passado a primeira e a segunda guerra mundiais já haviam transformado o cenário informacional das sociedades em um cenário extremamente fértil para a gestão dos dados produzidos por todos em todos os trabalhos.

Designado como responsável pelo Comitê Nacional de Pesquisa, posteriormente conhecido como Office for Scientific Research and Development, pelo presidente americano Frankling Roosevelt, ele tinha a missão de coordenar o trabalho de mais de 6 000 cientistas americanos e europeus. Este grupo de cientistas teve seus trabalhos e esforços direcioná-los ao enfrentamento da Segunda Guerra Mundial.

Figura 9 - Vannevar Bush.

Ao final da segunda guerra ele definiu a estruturação do sistema de pesquisa norte-americano, apresentado em um relatório submetido ao então Presidente Truman com o nome de *"Science, the endless frontier"*, Bush (1945).

Figura 10– Science, the endless frontier.

Este relatório teve enorme impacto ao ser publicado e continua afetando a atividade científica em muitos países, inclusive no Brasil.

O grande impacto deste relatório foi sustentado pela reputação de Bush, que durante os anos anteriores, havia dirigido o Escritório de Pesquisa Científica e Desenvolvimento ligado à Presidência dos EUA e supervisionado os principais projetos científicos dos Estados Unidos na Segunda Guerra Mundial, incluindo o desenvolvimento do radar e da bomba atômica.

Este cenário é realmente importante, mas resgatei a atuação de Bush para recuperar um outro artigo escrito por ele: *As we may think*, Bush (1945).

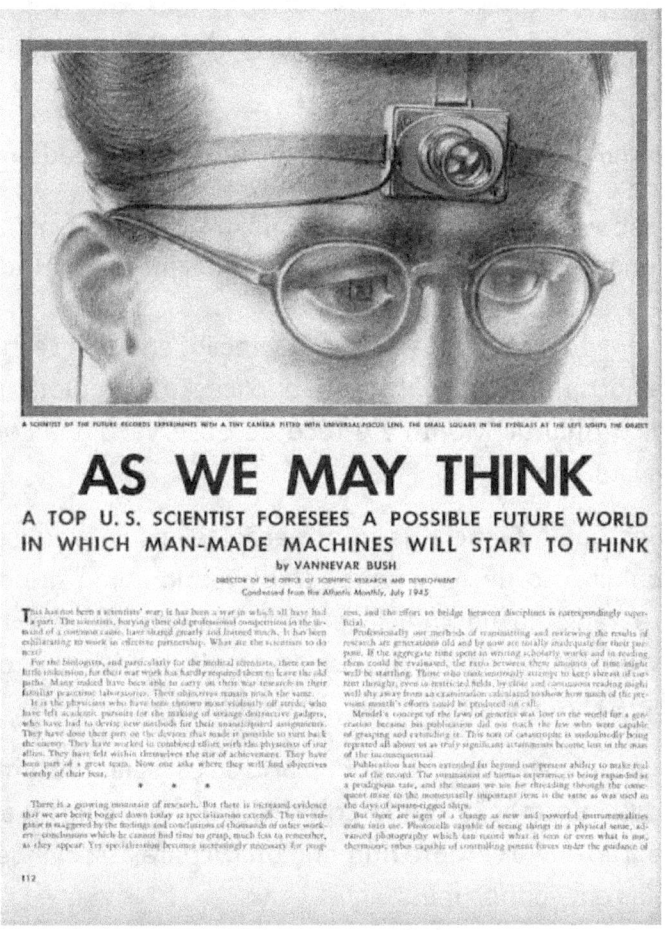

Figura 11 – As we may think.

CAPITAL HUMANO NO TRABALHO

Neste artigo ele analisa as possibilidades de futuro da ciência e da tecnologia em tempos de paz. Dentre os desafios ele trata com destaque o registro e a transmissão da informação e especula sobre como seria possível aos cientistas ler e compreender tantos artigos e relatórios e deste universo pinçar o que é realmente relevante. Perceba que nestes tempos a mídia usual era papel, lápis e fichários.

Os principais desafios listados por Bush tratavam principalmente:

- A dificuldade de formação dos recursos humanos adequados no curto prazo.

- O material de armazenamento e recuperação utilizado nos arquivos.

- O arcabouço teórico-metodológico em uso na organização, armazenamento e recuperação da informação gerada durante a guerra.
- *As we may think* teve sua primeira citação, em uma carta ao editor da revista Fortune, em 1939, sua publicação completa publicada no periódico Atlantic Monthly e foco de observações e comentários na revista Life.

É ponto pacífico que a Ciência da Informação teve sua fundação no ano de 1945 com a publicação de *As we may think* tendo como principal mérito a mudança de paradigma na ciência e na tecnologia considerando em seu arcabouço os profissionais, os instrumentos de trabalho e o estágio das práticas de representação e recuperação da informação.

Bush introduziu a ideia de que era necessário se associar palavras e conceitos na indexação da informação tendo como justificativa central a tese de que este seria o padrão que o cérebro humano utiliza para associar as informações e transformá-las em conhecimento.

Desta ideia foi possível concluir, incontestavelmente, que os sistemas de classificação e indexação existentes à época eram limitados e não-intuitivos. Segundo Bush os processos de armazenamento deveriam recuperar a informação através de processos elaborados a partir da associação de conceitos, em consonância com o título do artigo: como nós pensamos.

O ano de 1958 é reconhecido como uns dos marcos na formalização da nova disciplina, por ser o ano em que foi fundado, no Reino Unido, o Institute of Information Scientists - IIS.

O uso do termo cientista da informação pode ter sido introduzido com a intenção de diferenciar estes profissionais dos cientistas de laboratório, uma vez que o interesse principal daqueles era a organização da informação científica e tecnológica.

Figura 12 – Einstein e o questionamento.

Foram necessários mais 45 anos para que surgisse um fato significativo no mundo do processamento da informação. Em 1989, Tim Berners-Lee (Figura 13), um físico inglês trabalhando no laboratório suíço CERN, trouxe à vida a proposta de Bush. Ele criou a linguagem de programação HTML, *Hyper Text Mark up Language*, e os hiperlinks amplamente utilizados na Internet.

A ciência da informação é hoje relacionada a outras ciências, tais como arquivologia, administração, análise de sistemas, biblioteconomia, ciência da computação, comunicação social, contabilidade, arquitetura de informação, engenharia de produção, engenharia de software, gestão do conhecimento, gestão da informação, gestão de projetos, história, memória e museologia.

Figura 13 - Tim Berners-Lee.

Atualmente, o profissional licenciado em algum dos segmentos da Ciência da Informação, mais conhecido como profissional da informação ou "gestor de informação exerce profissionalmente funções de:

1. Administrador de dados;

2. Analista de informação;

3. Cientista da informação;

4. Consultor em informação;

5. Gestor de informação ou gestor de conteúdo, nomeadamente na Internet;

6. Gestor de recursos de informação;

7. Gestor de sistemas de informação.
8. Ampliando nossa visão para o cenário atual da tecnologia de processamento e transmissão da informação temos um conceito

ampliado desde segmento da ciência: a tecnologia da informação – a tão falada TI.

A tecnologia da informação foi compreendida inicialmente como a utilização de conhecimentos científicos ou outro tipo de conhecimento organizado para tratar a informação e viabilizar os processos de decisão humana.

A busca de informação e do conhecimento nasce da necessidade de sustentar os processos de trabalho e nos leva a lidar com tecnologias em que seus usuários fazem buscas, com um maior ou menor grau de complexidade, o que influencia diretamente o volume de informação recuperado. Atualmente temos uma produção de informação comparável à produção em massa dos automóveis em sua linha de montagem.

Figura 14 - Informação ou bagunça?

A massificação da informação, tanto da produção quanto da sua transmissão e uso, ampliou o significado da Tecnologia da Informação para tudo que diz respeito ou envolva o armazenamento, o processamento, a segurança, a produção e o acesso à informação por via eletrônica, ou seja, ela está presente em praticamente todas as áreas hoje em dia.

O mundo da informação é um universo por si só e que se expande cada dia mais rapidamente. Com o advento da Internet o volume de downloads, uploads, post, busca, mensagens enviadas e recebidas, vídeos assistidos a cada minuto é enorme. A Figura a seguir apresenta o crescimento global da produção.

Segundo dados compilados por Lori Lewis, do site lorilewismedia.com, 60 segundos na Web em 2021 compreendem os números demonstrados na Figura 16.

A área de formação profissional do profissional de TI abrange uma série de profissões e não se resume e uma única formação. A área envolve uma série de profissões, que podem ser aprendidas em cursos de graduação, pós-graduação ou tecnológicos, dependendo do cargo almejado.

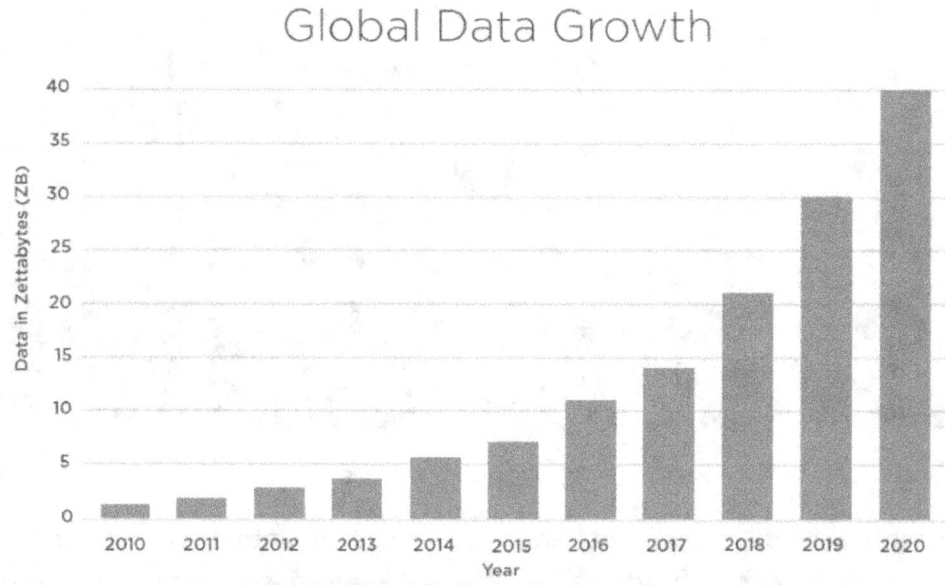

Figura 15 – Crescimento da produção de dados

E por falar em profissão este profissional precisa ter competências básicas, tais como visão analítica, conhecimento de metodologias, visão espacial, capacidade de dedução, conhecimento de diversas áreas do conhecimento, vocabulário, capacidade de gestão de equipes, comunicação clara e eficiente, flexibilidade de pensamento e atitudes, responsabilidade, gestão de dados, gestão de projetos, paciência, estar atualizado. A Figura a seguir amplia esta lista.

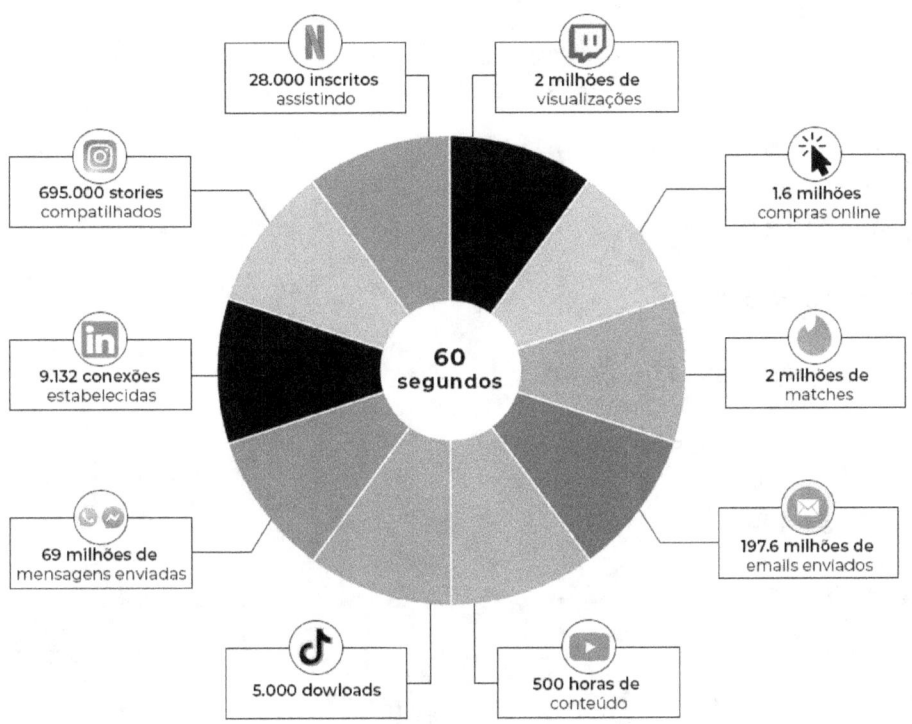

Figura 16 – Um minuto na Internet em 2021.

Dentre as profissões que mais se destacam neste segmento podemos citar:

- Administrador de dados (AD).
- Administrador do Banco de Dados (DBA).
- Analista de Mídias Sociais.
- Analista de segurança da informação.
- Analista de Sistemas.

- Arquiteto de Informação.

- Arquiteto de redes de informática.

- Cientista de Dados.

- Consultor de TI.

- Desenvolvedor.

- Engenheiro de Dados.

- Engenheiro de software.

- Gestor de governança de TI.

- Gestor de tecnologias da Informação.

- Marketing Digital.

- Programador.

Figura 17 – Competências do profissional de TI.

2   INFORMAÇÃO – A MATÉRIA-PRIMA DE TUDO.

*"O melhor uso que poderá ser feito com seus dados...
certamente será desenvolvido por outros e não por você."*
Tim Berners-Lee

Conforme apontado por diferentes autores, nos mais diferentes enfoques, a INFORMAÇÃO é um termo que teve sua proliferação largamente ampliada a partir da década de 30. Atualmente incorpora em sua significação termos tais como: post, tuite, comentário, mensagem, notícia, novidade, dado, conhecimento, citação, símbolo, signo, dica, orientação e sugestão.

Figura 18 - Uma lupa tem uso?

Nossa dependência atual de informação é tão vasta que pode ser tratada na célebre frase de Carl Sagan (1977):

"informação e alimento são as condições necessárias à sobrevivência do ser humano."

É inegável que a informação é indispensável para toda e qualquer atividade do ser humano. E sua importância tem crescido tanto que deu origem a expressões tais como indústria da informação, sociedade da informação, explosão da informação, era da informação, revolução da informação e, a mais radical de todas, sociedade pós-sociedade da informação.

A informação é elemento de pesquisa nas mais diversas áreas é sua abrangência extrapola o limite humano e as organizações sociais e se configura em uma categoria filosófica relacionada à matéria, ao espaço, ao movimento, ao tempo e à energia.

Tratando das origens, a palavra informação vem do latim *informare* que significa:

- Modelar, dar forma.
- Pôr em forma ou aparência de algo.
- Criar, representar, apresentar, uma ideia ou noção algo que é colocado em forma, em ordem.

Breton e Proulx (1989) tratam a etimologia da palavra informação e retomam um universo de significação muito mais amplo: uma sociedade ameaçada coloca, em forma, esculturas, estátuas animadas, gigantes, cuja função seria de intervenção em situações em que o homem havia falhado. A referência a estas estátuas é encontrada além da antiguidade greco-romana, na criação do rabino Loew: o Golem de Praga.

O Golem foi criado no ano de 1580 em Praga pelo Rabino Yehuda Loew, conhecido como o Maharal de Praga. Yossef, ou Golem, foi criado a partir dos quatro elementos (fogo, terra, água e ar) através do conhecimento cabalístico do Maharal que obteve permissão Divina de recorrer a forças espirituais especiais para criar um ser como o Golem.

Vamos fazer uma pausa nas verdades técnicas e analisar o Golem, figurativamente, enquanto recurso criado pelo homem com poderes super-humanos, como substituição aos sistemas de informação cada dia mais poderosos. Ele era um ser sagrado, sem vida (desprovido de alma), e andava e obedecia a todas as ordens do Maharal.

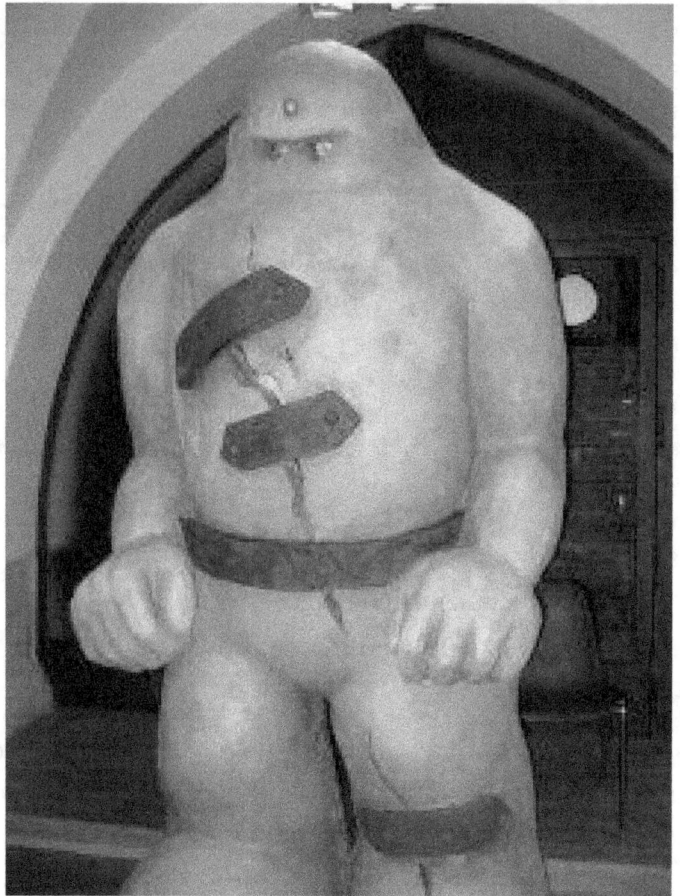

Figura 19 – O Golem de Praga.

O Golem, na lenda, foi criado com o objetivo de proteger os judeus que foram ameaçados de extermínio através da intriga de seus inimigos e os salvou poupando muitas vidas.

O mesmo se aplica aos nossos sistemas e aplicativos que prometem elevar a vida humana a patamares de qualidade e benefício jamais sonhados. Mas vamos seguir na lenda.

O Golem era ativado, trazido à vida, pelo rabino colocando em sua boca um pedaço de pergaminho feito por um feitiço mágico em nome do Deus dos judeus. O pergaminho tinha o nome de shem. O rabino dava as ordens ao

Golem e ele as cumpria *ipsis literis*. Sendo uma criatura indestrutível e extremamente forte ele transformou o pesadelo do extermínio em salvação.

Figura 20 – O Golem e o Rabino.

Quando o povo judeu não sofria mais ameaças, sua existência perdeu o sentido, mas o rabino continuou a utilizar o Golem para tarefas que não necessitavam um pensamento ativo. Ele varria o chão, buscava água e cortava madeira, entre inúmeras outras ordens fatigantes.

O gigante era uma força de trabalho formidável e não precisava comer, beber ou descansar. Quando chegava a sexta-feira, o rabino removia o *shem* de sua boca e o Golem ficava estático como um manequim até o fim do sábado judaico, que é o dia sagrado de descanso para o povo judeu. Depois desse dia, seu mestre introduzia o papel de volta em sua boca, para que ele voltasse à vida.

Mas houve um sábado em que o rabino, que estava ocupado preparando uma cerimônia na Sinagoga, esqueceu de remover o *shem* da boca do Golem. Como ele havia recebido uma ordem para limpar a casa por um comando que não dizia quando terminar a limpeza ele começou a extrapolar a limpeza dos móveis e objetos chegando a quebrá-los. Os detritos eram considerados como sujeira pelo Golem e sua limpeza gerava novos detritos.

Quando a cerimônia do sábado começou no templo, o rabino foi avisado que algo terrível estava acontecendo em sua casa. Quando perguntado o que estava acontecendo, os cidadãos, amedrontados, disseram-lhe que o Golem estava destruindo tudo o que estava em seu caminho.

O rabino foi até em casa e ao encontrar o Golem destruindo tudo, tomou coragem e se aproximou dizendo a ele o comando para encerrar a limpeza. O Golem olhou para o rabino e estremeceu, ficando imobilizado, foi quando o rabino retirou o *shem* de sua boca. Em seguida, o Golem caiu como um boneco de barro.

Apesar de ser uma lenda que trata da vontade do ser humano em ser um Deus criador e ter várias "lições de moral" ela nos serve para discutir as questões tratadas por Breton e Proulx (1989) e outros autores que tratam da sociedade da informação e da palavra informação no sentido de criar algo em forma de uma ideia.

Este sentido, um dos mais nobres que se dá á informação, traz para nós criadores de tecnologia a responsabilidade por criar algo superpoderoso capaz de nos destruir seguindo nossas ordens.

No filme A Era de Ultron dos Estúdios Marvel, temos uma releitura desta lenda em que Tony Starck cria um programa de computador, uma inteligência artificial, que tinha como objetivo preservar a paz mundial, denominada Ultron.

Complicações e liberdades de roteiro à parte, Ultron decide exterminar a raça humana por ser ela a causadora dos problemas na Terra. Daí os vingadores tiveram que se unir para destruir sua própria criatura.

Figura 21 – Ultron, um vilão produto da informação.

Figura 22 - Tony Stark e suas criações tecnológicas.

Uma outra releitura que nos é mais cara é Mickey, o personagem de Walt Disney, como Aprendiz de Feiticeiro encantando as vassouras para encher o poço de água em um momento de onipotência.

Figura 23 - Mickey Aprendiz de Feiticeiro.

Perceba então que temos diversos exemplos do poder de INFORMAR. Seja como conteúdo que transmite uma ideia ou como ação de dar forma a algo. E perceba também a nossa responsabilidade como criadores responsáveis pelos algoritmos que, em última análise, definem o que a criatura irá pensar, fazer, construir.

Informatio, uma variação do verbo *informare*, é a mistura de famílias de significados relacionado ao conhecimento e dos significados que são organizados em torno da ideia de fabricação, de construção. "Colocar em forma", "informar" conduzem à imagem criadora do escultor da estátua.

Vale observar também a importância do sentido simetricamente antinômico da informação-construção: o informa, o informe, o monstruoso. A estátua, criatura artificial magistralmente criada por Dédalo, que deu origem ao estilo Dedálico, permitiu ao ser humano criar o informe.

Veja a carga do sofrimento esculpido em *Laocoön and His Sons*, pelos artistas da ilha de Rhodes: Agesander, Athenodoros and Polyclitus.

Assim, segundo ele, informação é a classificação de alguma coisa: símbolos e suas ligações em uma relação. Esta relação pode ser a organização de órgãos e funções de seres vivos, de um sistema social ou de uma comunidade. E é ainda um termo filosófico, devido à sua capacidade de gerar realidade material e sua capacidade de gerar organização, de classificar em um sistema.

A informação é, em conjunto com o tempo, o espaço e o movimento, uma outra forma fundamental da existência da matéria. É a qualidade da evolução, a capacidade de atingir estágios superiores. Não é um princípio que poderia existir além da matéria e de forma independente dela e sim impregnada, até mesmo inseparável dela.

A matéria não teria como existir sem organização, assim como não poderia existir sem a passagem do tempo e o movimento não teria como ser percebido sem o espaço.

INFORMAÇÃO é, de fato, um termo repleto de significados. Uma série de conceitos interligados por relações sofisticadas e não um conceito único e simples.

Definir o que é informação necessita de uma análise do espectro de definições em que a informação pode ser inserida. Para Yuexiao (1988), o espectro filosófico está imerso em um contexto em que são discutidas as fontes, a natureza e a função da informação.

Figura 24 - Laocoön and His Sons.

As opiniões dos filósofos podem não ser convergentes, mas é ponto pacífico que informação não é um tipo específico de objeto, nem tem qualquer conteúdo específico. Para eles ela é um veículo de inter-relações e interações entre objetos e conteúdos.

Em outro contexto Zeman, (1970), argumenta que a informação é a organização de elementos ou partes, materiais ou não, em alguma forma, em algum sistema classificado.

Araújo (1991), afirma que a informação sofre com o gigantismo provocado pela vasta literatura que vem gerando. Segundo ela há mais de 400 conceitos, definições e abordagens utilizados pelo mundo acadêmico.

A revisão dos conceitos de informação realizada por Belkin evidencia a importância dos diferentes pontos de vista de autores como Goffmann, Yovits, Otten, Artandi, Brooks, Mikhailov, Chernyi e Giliarevskii, Barnes, Fairthorne, Gindin, Wersig, Robertson, Shannon, Lynch, Nauta, Belzer, Shreider e Pratt, entre outros.

Os autores buscaram a ideia básica do termo informação e constataram que a única noção básica comum a todos os usos da informação é a ideia de estruturas sendo alteradas, conduzindo, então, ao conceito de que informação é o que é capaz de transformar estruturas.

> *"Assim, a partir do conceito de estrutura, especificamente, a estrutura da imagem que um organismo tem de si mesmo e do mundo, é construído um contexto de informação com uma tipologia de complexidade crescente em que informação, no seu sentido mais amplo, é aquilo que muda ou transforma tal estrutura. Nesse contexto, a informação só ocorre no interior de organismos – desde o nível hereditário ao do conhecimento formalizado" (Araújo, 1995).*

Veja o caso de estruturas semióticas tais como textos, mapas e partituras que são conteúdos que apenas serão informação ao modificar a estrutura cognitiva de um organismo vivo. Esses conteúdos são dados e são expressos em linguagens, imagens, notas musicais, caracteres numéricos ou alfanuméricos e impulsos eletrônicos, que, ao serem transmitidos por algum meio de comunicação, podem ou não gerar informação.

Setzer (1986), em sua análise sobre bancos de dados, afirma que um dado pode ser definido como uma sequência de símbolos quantificados ou quantificáveis e conclui:

> *"Portanto, um texto é um dado. De fato, as letras são símbolos quantificados, já que o alfabeto por si só constitui uma base numérica. Também são dados imagens, sons e animação, pois todos podem ser quantificados a ponto de alguém que entra em contato com eles ter eventualmente dificuldade de distinguir a sua reprodução, a partir da representação quantificada, com o original."*

Temos, então, que a Informação é algo complexo e é em essência um termo extremamente polissêmico e, aliado ao conhecimento, foi adotado como um *locus* delimitador, alcançando todos os setores da sociedade e áreas do conhecimento. Esta adoção só fez ampliar as ambiguidades do termo, face às diferentes visões e conceituações que passaram a referenciá-lo.

2.1 História de Chapeuzinho Vermelho nas manchetes das principais revistas e jornais

A fábula da Chapeuzinho Vermelho, Charles Perrault, é um excelente exemplo de como é complexo se transmitir um conteúdo de informação por um conjunto de origens distintas a destinos também distintos.

Vamos aos cenários na mídia.

JORNAL NACIONAL: (Willian Bonner): "Boa noite. Uma menina de 7 anos foi devorada por um lobo na noite de ontem". (Renata Vasconcellos) "Mas graças à atuação de um caçador não houve uma tragédia".

FANTÁSTICO (Poliana Abritta): "... que gracinha, gente, vocês não vão acreditar, mas essa menina linda aqui foi retirada viva da barriga de um lobo, não é mesmo...

CIDADE ALERTA: "...onde é que a gente vai parar, cadê as autoridades? Cadê as autoridades? A menina ia a pé para a casa da vózinha. Não tem transporte público! Não tem transporte público! E foi devorada viva. Um lobo, um lobo safado. Põe na tela, primo! Porque eu falo mesmo, não tenho medo de lobo, não tenho medo de lobo não!

Figura 25 - O Lobo e Chapeuzinho Vermelho.

O ESTADO DE S. PAULO: Greenpeace denuncia a matança de lobos e faz um alerta: este lobo é de uma espécie em extinção.

FOLHA DE S. PAULO: Legenda da foto: "Chapeuzinho, à direita, aperta a mão de seu salvador". Na matéria, um box com um zoólogo explicando os hábitos alimentares dos lobos e um imenso infográfico mostrando como Chapeuzinho foi devorada e depois salva pelo lenhador.

ISTOÉ: Gravações revelam que lobo foi assessor de influente político.

VEJA: ...fulano de tal, 23, o lenhador que retirou Chapeuzinho da barriga do lobo tem sido considerado um herói na região. 'O lobo estava dormindo, acho que não foi tão perigoso assim', admite."

CAPITAL HUMANO NO TRABALHO

JORNAL DO BRASIL: "Floresta: Garota é atacada por lobo". (Na matéria, a gente não fica sabendo onde, nem quando, nem mais detalhes.)

O GLOBO: "Retirada Viva da Barriga de um Lobo". (Na matéria, terá até mapa da região. O salvamento é mais importante que o ataque.)

NOTÍCIAS POPULARES: Sangue e tragédia na casa da vovó.

Revista CLÁUDIA: Como chegar na casa da vovozinha sem se deixar enganar pelos lobos no caminho.

Revista NOVA: Dez maneiras de levar um lobo à loucura na cama.

MARIE-CLAIRE: Na cama com um lobo e minha avó, relato de quem passou por essa experiência.

CARAS (com ensaio fotográfico): "Na banheira de hidromassagem na cabana da vovozinha, em Campos de Jordão, Chapeuzinho reflete sobre os acontecimentos: "até ser devorada, eu não dava valor para muitas coisas da vida, hoje sou outra pessoa" admite.

CAPRICHO: Esse Lobo é um Gato!

PLAYBOY (Ensaio fotográfico com Chapeuzinho no mês do escândalo): Título de capa: " Veja o que só o lobo viu".

SEXY (Ensaio fotográfico com Chapeuzinho um ano depois do escândalo): Título de capa: "Essa garota matou um lobo!"

G MAGAZINE (ensaio fotográfico com lenhador): Título de capa: "Lenhador mostra o machado".

Pois é! Conceituar INFORMAÇÃO não é tarefa trivial. Nos relatos acima todas as versões são verdadeiras e todas transmitem uma parte do conteúdo informacional original. Mas nenhuma delas foi isenta ou completa.

E como sabemos que é possível uma infinidade de erros na concepção e na transmissão da informação pode ser que nem houvesse um lobo no evento relatado.

2.2 O valor da informação

Vários autores se dedicam a discutir e elucidar o valor das informações como fonte para linhas de atuação estratégicas, planos de trabalho, planejamento de cenários futuros e mudanças no mercado das organizações públicas ou privadas.

Dentre eles é possível citar Helbig et al. (2012) que tratam, em particular, da motivação inicial indispensável ao despertar do interesse da sociedade por esta informação e Barreto (1996) que considera que o valor da informação depende diretamente das competências pessoais do consumidor, do nível educacional da sociedade e da força de trabalho como um todo.

A demanda por informação no Brasil pode ser visualizada no modelo proposto por Barreto (1996), Figura 10, em que ela é classificada em:

A. Demanda por informação: configura uma demanda orientada à reflexão, para a reelaboração da informação recebida, da informação de sustentação e do apoio à ciência e tecnologia. É o segmento do mercado de informação com maior escassez, mas é o que concentra o maior esforço de preparação e distribuição da oferta de informação.
B. Demanda Mantenedora: que pode ser entendida como a informação responsável pela manutenção do indivíduo em seu status quo profissional e social.
C. Demanda Utilitária: a demanda por informação para as transações correntes do indivíduo ao exercer sua cidadania. Percebe-se que nos dias de hoje a oferta de informação é pequena e não cobre a demanda potencial.

Analisando o caso da produção de informação no setor público, a Tabela 1 apresenta o relacionamento entre alguns tipos e as principais demandas e aplicações em diversos segmentos da sociedade (Ávila, 2015).

As instituições governamentais são identificadas como grandes criadores de dados em diversos segmentos, tais como informações de saúde, financeiras, turísticas, geográficas e de segurança.

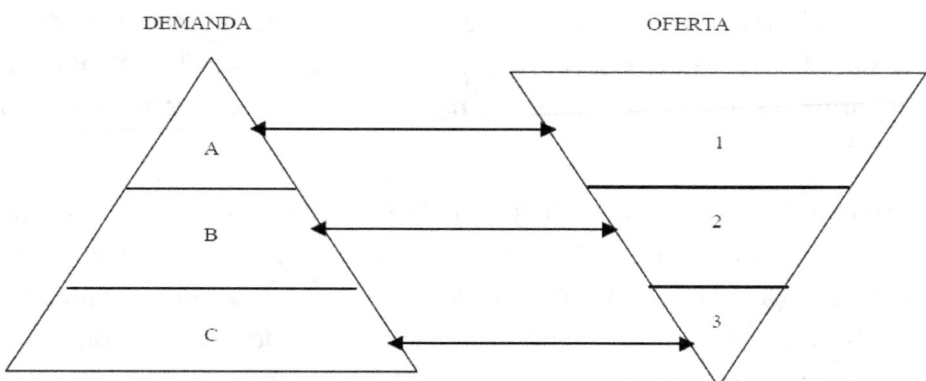

Figura 26 – Modelo do relacionamento entre oferta e demanda.

Neste contexto de mercado de demanda e oferta, tendo como *locus* a Internet e os dados abertos, concordando com Manyika (2011) e Ubaldi (2012, a informação pode ser classificada em 4 categorias, conforme apresentado na Figura 11, tomando como base os dados abertos governamentais:

- Big Data. Bases de dados que extrapolam os limites da capacidade de processamento dos sistemas de informação hoje disponíveis. O volume de dados é da ordem de peta bytes.
- Dados abertos. Dados que estão disponíveis ao cidadão, sem custo ou restrições de qualquer ordem proveniente de qualquer origem, seja privado ou público.
- Dados abertos governamentais: São os que instituições governamentais disponibilizam ao cidadão.
- Dados pessoais: São dados privativos de cada pessoa, tais como imposto de renda, endereço, consumo.

Segmento	Tipo de Informação Pública	Finalidade
Setor Produtivo	Indicadores Sociais, Econômicos, Demográficos, Planos de Governo, Relatórios Fiscais, Informações Geográficas (imagens aéreas, vetores com distâncias entre localidades, mapas e cartogramas sobre dados socioeconômicos), etc.	Projetos de Consultoria; Expansão e/ou Manutenção de Negócios; Desenvolvimento ou aprimoramento de produtos e serviços
Setor Acadêmico	Indicadores Sociais, Econômicos, Demográficos, Planos de Governo, Relatórios Fiscais, Informações Geográficas (imagens aéreas, vetores com distâncias entre localidades, mapas e cartogramas sobre dados socioeconômicos), etc.	Artigos Científicos; Trabalhos Acadêmicos; Projetos de Pesquisa; Monografias; Dissertações; Teses; Projetos para captação de recursos em instituições de fomento
Setor Público	Indicadores Sociais, Econômicos, Demográficos, Planos de Governo, Relatórios Fiscais, Informações Geográficas (imagens aéreas, vetores com distâncias entre localidades, mapas e cartogramas sobre dados socioeconômicos), Pesquisas acadêmicas, estudos e análises, relatórios de tendência, projeções de cenários.	Diagnósticos governamentais, diagnósticos sobre áreas ou demandas específicas (ex: problemas ambientais); Formulação de planos e programas de governo, execução de ações, monitoramento e avaliação governamental; Publicidade de ações governamentais; Projetos para captação de recursos em instituições de fomento
Imprensa	Dados orçamentários e financeiros; Pesquisas e indicadores socioeconômicos; Dados Populacionais; Relatórios de Monitoramento e Acompanhamento de Ações Governamentais	Matérias e investigações jornalísticas; Publicidade de ações governamentais; Denúncias de não-conformidades em ações governamentais
Sociedade em Geral	Dados orçamentários e financeiros; Pesquisas e indicadores socioeconômicos; Dados Populacionais	Monitoramento e Controle Social do Governo; Elaboração de Projetos para captação de recursos

Tabela 1 – Principais demandas de informações governamentais.

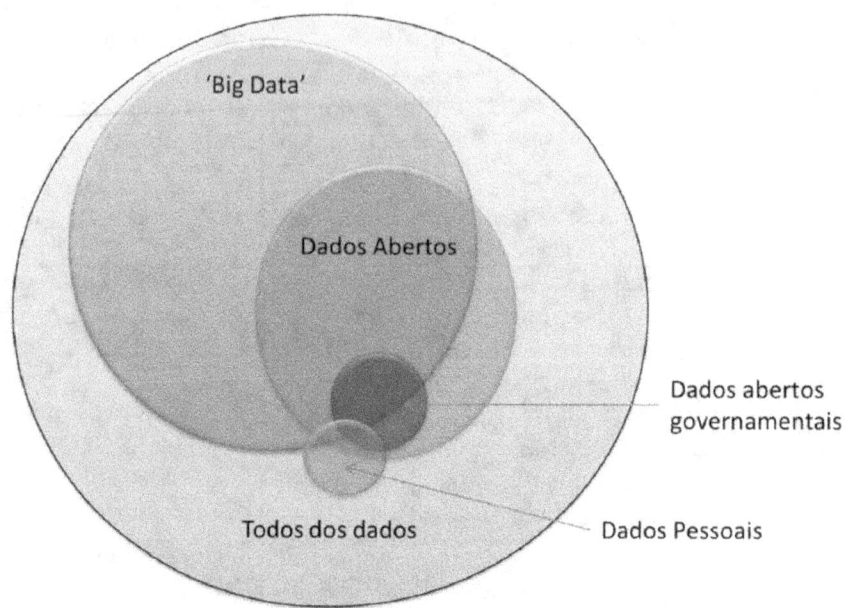

Figura 27 - Subdivisões dos dados.

Para Davies (2010), dados podem produzir outros dados, informações, interfaces de interpretação, fatos e serviços. A Figura 27 ilustra este encadeamento. E veja que:

- Dados produzem fatos quando indivíduos buscando em fontes de dados alimentam ações de organizações que geram resultados no planejamento econômico de organizações, entidades ou indivíduos.
- Dados dão origem a informações que resultam do cruzamento de bancos de dados que, por seu turno, produzem informações tabulares, infográficos e relatórios.
- Dados geram interfaces de interpretação ao fornecerem meios de interatividade entre um ou mais bancos de dados, tais como: mapas interativos, links com outros dados.
- Dados produzem outros dados quando são processados e originam outras fontes de dados.

- Dados geram monitoramento da qualidade de serviços quando os dados abertos são o suporte do fornecimento de serviços online tais como a identificação de anomalias de serviços públicos pela população e comunicação desta para as autoridades.

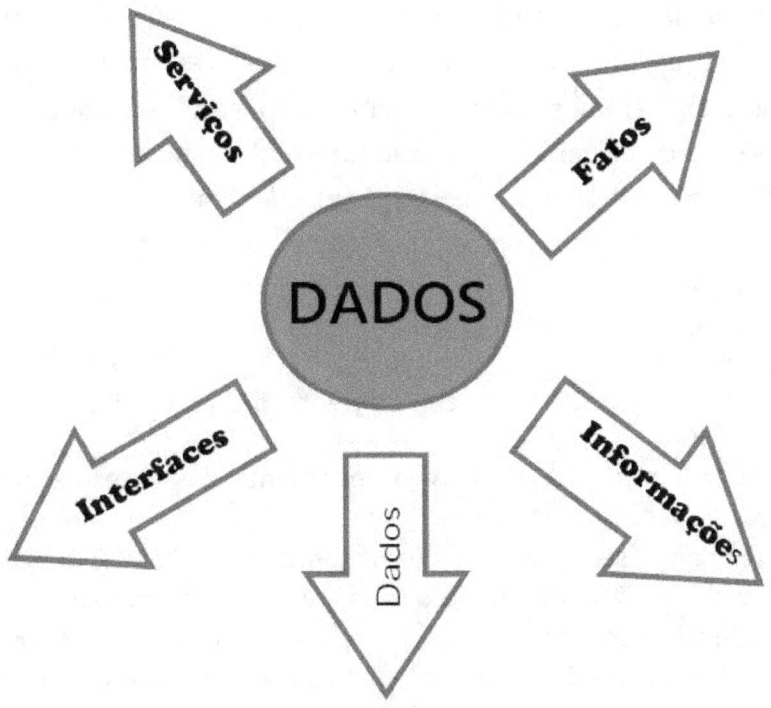

Figura 28 - O que os dados podem produzir.

Entretanto, nas últimas décadas ocorreu uma mudança nesta cadeia produtiva. O enfoque das organizações migrou da disponibilização de funcionalidades que aprimoram a prestação de serviços do governo e passou a focar a experiência do usuário, criando necessidades de informação.

A administração das informações e seus dados traz benefícios para o usuário final, mas traz benefícios, principalmente, para as organizações, tais como:

- Melhoria contínua. A administração de dados potencializa a análise da performance dos sistemas de informação e de seus produtos tornando mais fácil seu monitoramento.
- Aumento de produtividade. Considerando que toda organização tem dentre seus principais objetivos estratégicos aumentar sua produtividade ter os dados organizados, com recuperação eficiente, com pouca redundância e perdas é um fator crucial para alcançar este objetivo.
- Ampliação da área de atuação. Dados administrados produzem bases de dados mais confiáveis, que por seu turno subsidiam a melhor tomada de decisão. Este tipo de gestão baseada em informação eficiente potencializa todas os projetos de aumento de produção, de manutenção e ampliação de mercados e enfrentamento da concorrência.

Indo além eu proponho que você tenha diretrizes básicas para gestão dos dados na sua organização. Tome como orientações as seguintes:

- Armazenamento: a forma de armazenamento das bases de dados deve priorizar as necessidades dos usuários.
- Confiabilidade: se houver dúvidas sobre a qualidade dos dados, as informações serão fonte de risco para a tomada de decisão.
- Consistência: manter o controle de qualidade distribuído entre equipes que interagem com os dados ao longo da cadeia de produção e utilização promove a segurança contra falhas e aumenta a confiabilidade na consistência das bases de dados.
- Direto ao básico: todo dado produzido ou custodiado pela organização deve ser tratado como patrimônio.
- Modelo corporativo: toda estrutura de dados segue padrões que objetivam tornar possível a manutenção de um modelo de dados corporativo.
- Relevância: dados relevantes devem estar disponíveis tempestivamente e para o usuário certo.
- Trabalho em equipe: os dados da organização são compartilhados e úteis a todas as equipes.

2.3 Informação e sistema de informação estratégico

Para que seja possível discutir a modelagem de dados e demais elementos deste contexto é necessário que tenhamos um conceito de informação. Assim, considerando tudo que já foi apresentado e analisado considero como informação:

> *Informação é o conjunto de dados que quando fornecido de forma e a tempo adequado, melhora o conhecimento da pessoa que o recebe ficando ela mais habilitada a desenvolver determinada atividade ou a tomar determinada decisão.*

O uso adequado da informação como instrumento de gestão de uma empresa é condição indispensável para o sucesso dessa empresa. O tipo de informação depende basicamente do modelo de gestão ao qual ela vai atender.

A informação na gestão operacional, essencialmente de origem interna e que visa, principalmente, a estimar dispêndios anuais de custeio e novos investimentos, difere da informação necessária para a gestão estratégica em que a ênfase está no ambiente externo à empresa.

O diagrama apresentado na Figura 29 ilustra a diferença entre o contexto das informações operacionais e estratégicas.

Assim, uma organização que pretenda introduzir a gestão estratégica na sua administração deverá desenvolver sistemas de informação específicos, em paralelo com os sistemas existentes ou não, para a gestão operacional.

Segundo Leitão (1993), o processo evolutivo dos modelos de gestão, tem início com a maior preocupação das organizações no acompanhamento de fatores ligados ao seu ambiente interno.

A década de 1960, foi o período inicial de no ambiente externo às organizações como a redução no crescimento do mercado que por sua vez aumentou a concorrência entre as organizações.

Esse cenário muda o foco da atenção da produção para o mercado, o que faz surgir a gestão estratégica como resposta à preocupação das organizações com o ambiente externo, apresentando como característica o fato de estar constantemente procurando avaliar as tendências futuras de evolução do ambiente externo com a finalidade de identificar oportunidades e ameaças para a empresa de forma a orientá-la em seus objetivos e estratégias de longo prazo.

Por seu turno a administração estratégica se mostra uma ferramenta eficiente para responder às falhas da gestão estratégica e um meio para torná-la mais útil às organizações.

Inicialmente, a grande preocupação era com as atividades diversificadas das organizações, chamadas "unidades estratégicas de negócio", cujo planejamento estratégico era elaborado independentemente da empresa holding, a época do chamado planejamento estratégico de negócios.

Posteriormente, face à grande duplicação de esforços nas atividades-meio em que os negócios acabavam competindo entre si, passou-se a usar o planejamento estratégico corporativo. Mas, após algum tempo verificou-se que havia foco excessivo na etapa de planejamento estratégico, com prejuízo para as etapas complementares e paralelas do processo.

O fato de se ter uma gestão estratégica não dispensa a gestão operacional, pois enquanto a gestão estratégica está ligada ao conceito de eficácia, a gestão operacional se preocupa com a eficiência.

E temos que a diferença fundamental entre a informação estratégica e a informação operacional com respeito ao ambiente interno é que, na gestão operacional, a única preocupação na monitoração do ambiente interno refere-se ao acompanhamento do desempenho da empresa em relação às metas físicas e orçamentárias estabelecidas a priori.

Figura 29 – Informação organizacional X estratégica.

Já na gestão estratégica a monitoração tem vários níveis distintos: conhecer valores e crenças da cultura organizacional, diagnosticar capacitações internas, acompanhar sua evolução, levantar as causas das forças e fraquezas e acompanhar o desempenho do que foi planejado.

Dentre as características das bases de dados para uso em sistemas de informação utilizados na gestão operacional destaco:

1. Normalmente focam em dados do ambiente interno, gerenciando informações relativas a dados de produção, assim como informações relativas a novos investimentos para atender ao crescimento do mercado.
2. As informações sobre o ambiente externo são incorporadas apenas se forem relacionadas ao aumento na demanda e à identificação de fontes de financiamento para os novos investimentos.

3. As informações sobre o ambiente interno devem ser estruturadas tanto para permitir a elaboração dos planos de gestão da organização, como para seu acompanhamento e controle.

2.4 Sistemas de Informação e de Recuperação de Informação: gêneros de uma mesma espécie?

A discussão nas seções anteriores permitiu conceituar informação como aquilo que altera estruturas, ou seja, só tem sentido no contato efetivo entre um dado com potencial de informação e o usuário.

No entanto, a área, talvez até por falta de uma discussão mais completa sobre os fenômenos informação e sistemas de informação, tenha assumido e disseminado as designações SI e SRI, gerando, assim, uma confusão entre o objeto trabalhado (documentos, textos e mensagens) e o possível efeito de seu conteúdo sobre o usuário, ou seja, a informação propriamente dita.

É importante ressaltar que as designações **SI** (Sistema de Informação) e **SRI** (Sistema de Recuperação da Informação) são pouco representativas. Para efeito deste livro, Sistemas de Informação serão considerados sinônimos de Sistemas de Recuperação da Informação (SRIs), ou seja, são sistemas que, entre outras funções, objetivam dar acesso aos dados contidos em bases de dados neles persistidos.

Nesse contexto pode-se afirmar então que sistemas de informação são aqueles que objetivam a realização de processos de comunicação.

Estas informações, em uma visão ampliada materializam o conjunto da memória humana registrada. Belkin e Robertson (1976) tratam esta base de dados como acervo "cognitivo-social", estruturas conceituais referentes ao conhecimento coletivo, ou seja, as estruturas de conhecimento partilhadas pelos membros de um grupo social (manuscritos, livros, periódicos, mapas, filmes, vídeos, quadros, partituras etc.).

Atribui-se a Calvin Mooers a criação do termo "recuperação da informação", em 1951, mas o marco moderno da recuperação de informação e da consolidação do SRI como entidade é, em geral, datado das décadas de 40/50.

Este período é identificado pela necessidade de armazenar e recuperar, de modo rápido e preciso, o vasto número de documentos que vinha crescendo exponencial desde o século XVII e pelo advento do computador, que era visto como "a" solução para os problemas de armazenamento e recuperação da informação.

Nesse mesmo período, Von Bertalanffy (1968) sistematizou as novas ideias científicas que propunham uma abordagem de "todos integrados", a abordagem sistêmica.

A simultaneidade do surgimento da visão sistêmica, com o surgimento do computador e o enorme crescimento da produção literária, fez emergir e consolidar a entidade Sistema de Recuperação da Informação/Sistema de Informação.

O limite de crescimento do sistema de informação e seus subsistemas já foi atingido; presencia-se, no momento, a transição desse crescimento para a saturação evidencia problemas tais como:

- Seleção que não seleciona.
- Indexação que isola e mutila.
- Organização de arquivos que tem problemas quanto à sua própria integridade física.

- Problemas estes que seguem crescendo e repercutem:
- Na forma de armazenar os dados.
- Geram imprecisão e indeterminismo na análise e negociação da classificação da informação.

- Limitam as estratégias de busca/recuperação.

- Geram nichos de incoerência na informação recuperada.
- Nesse contexto, só nos resta aceitar que o gigantismo dos sistemas de informação é proporcional à insatisfação e à frustração do usuário com a resposta que lhe é fornecida por estes sistemas.

Embora a qualidade emerja da quantidade há um ponto em que o crescimento excessivo origina uma saturação. O atingimento de um ponto limite a partir do qual não há mais capacidade de absorção/assimilação.

No contexto de sistemas de informação, esse fenômeno é nítido: a informação cresceu exponencialmente, explodiu. A preocupação principal do SI foi a de acompanhar esse crescimento, essa explosão, sem questionar as possíveis consequências que pudessem acontecer.

Este cenário, sem risco de errar, decorre da não compreensão do fenômeno informação e confundi-lo com o fenômeno documento – simulacro da informação.

O emprego das tecnologias da informação, em sua maioria, implementa réplicas ampliadas e aceleradas dos processos manuais em que são baseados. O uso cego da tecnologia gerou, como seria de se esperar, o não-uso ou o uso cego dos documentos.

Temos, então, capacidades de armazenamento, processamento e transmissão de dados ampliados a números inconcebíveis, infinitamente superiores à capacidade de assimilação do homem, isto é, estão sendo levadas além da saturação.

Ainda em termos sistêmicos, é necessário avaliar se os objetivos dos sistemas estão sendo alcançados e o quão eficiente isto é feito. Para que isto seja possível é necessário que esses objetivos sejam expressos em termos mensuráveis.

O tratamento dos documentos que contêm informação potencial pressupõe uma análise de seu conteúdo para serem processados e recuperados.

Entretanto, os sistemas ainda não têm meios para executar esta tarefa e dependem do ser humano para sua indexação.

O sucesso da abordagem sistêmica está baseado mais na sua rápida, inquestionada e ampla adoção por diversos segmentos do mundo da tecnologia do que por ser uma solução efetiva para os problemas que aqueles mesmos segmentos apresentam, nestes incluídos os sistemas de recuperação da informação.

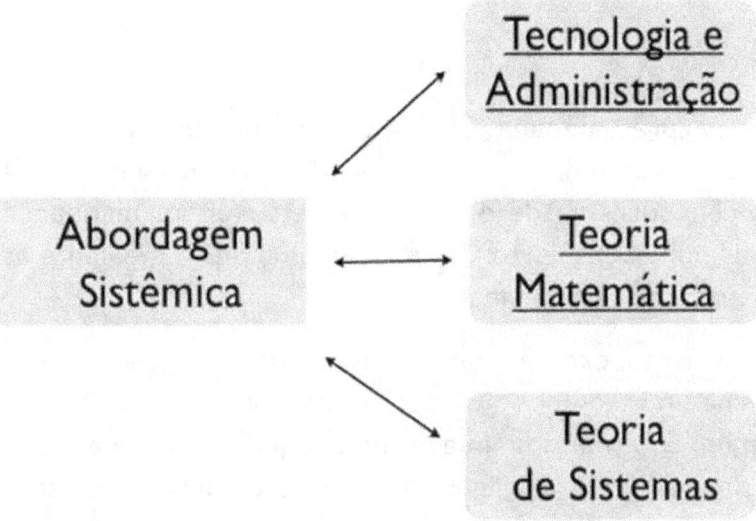

Figura 30- Abordagem Sistêmica.

Por que vêm falhando os SRIs? Não será por que necessitam de um outro contexto, de um outro modelo, de uma nova abordagem teórico-conceitual que os estude como realmente são e não como se imaginam ser?

Um exemplo simples e facilmente constatável é a quantidade de informação recuperada em um mecanismo de busca na Internet, seja Google, Edge ou outro similar. Você digita seus parâmetros de pesquisa e recebe como resposta trilhões de endereços de informação.

Posso afirmar sem risco de errar que o usuário considera, no máximo, as 3 primeiras páginas da informação recuperada. O que fazer com os demais itens recuperados? Não adianta ter quantidade sem conseguir dar utilidade a ela.

Você há de concordar comigo que a informação, nesse contexto, é apenas uma probabilidade, uma incerteza, uma imprevisibilidade, aproximando-a dos mais nobres paradigmas da ciência relacionados ao caos.

Informação e Caos, o que vem primeiro?

2.5 Caos

A história da evolução humana é marcada por uma busca pela regularidade demostrada pela ordem das estações, precisão do movimento de estrelas e planetas no céu, sucessão de dias e noites etc. Tais regularidades, foram demonstradas por Isaac Newton há mais de 300 anos, mediante as leis do movimento e da teoria da gravidade.

As leis do movimento, explicam muita coisa do nosso universo. Segundo ela, a linearidade natural acontece quando o futuro é uma consequência direta do passado, em um determinismo imaculado em que o acaso e a incerteza são distorções simplesmente negligenciadas. Quase como se fossem erros naturais do processo.

Mas ao considerar-se o conceito de ordem ele traz em si sua própria antítese: a existência da ordem implica a existência da desordem.

Na compreensão dos grandes cientistas da humanidade o determinismo se contrapõe à ideia de acaso. Segundo Moreira (1992),

"Para Newton, Galileu, Kepler, Leibniz e outros cientistas, o determinismo se liga à ideia de 'lei natural', de 'simplicidade da natureza' e vai encontrar uma expressão precisa na formulação matemática das leis físicas".

A antítese, quase complementariedade do determinismo é o acaso, a probabilidade, a explicação de como um conjunto variado de eventos pode comportar-se de forma típica, apesar dos eventos individuais serem imprevisíveis.

A análise dos lançamentos de uma moeda é um exemplo deste comportamento. Já foi determinado que a probabilidade de cara ou coroa é de 50%, embora seja impossível prever cada lance individual da moeda.

No século XVIII o matemático francês Pierre Simon da Laplace, um dos primeiros estudiosos da probabilidade e da desordem, era discípulo de Newton. No século XIX o conjunto de teorias do princípio da incerteza de Heisenberg abalou a comunidade científica. Determinismo e probabilidade permaneceram como visões possíveis de mundo, apesar de suas incompatibilidades (Persival, 1992).

A teoria quântica, também baseada no cálculo de probabilidades, vem em 1920-30 desafiar essa situação de conflito. A teoria do caos, em 1960-70, estabelece um segundo desafio. Seu princípio é de que mesmo em sistemas newtonianos simples, a previsão nem sempre é possível – há uma persistente instabilidade, isto é, caos.

No campo do conceito, "caos é desordem, é o comportamento de pequenas alterações levando a grandes mudanças posteriores, é instabilidade persistente, é imprevisibilidade" (Yuexiao,1988). Ainda segundo o autor, caos parece ser o princípio da informação e um foco de convergência dos sistemas de recuperação da informação.

Caos é uma ciência da era da computação, da Ciência da Informação e da comunicação em alguns de seus contextos. A Figura 14 ilustra este cenário.

Os SRIs são resultado de proposições deterministas, pois são compostos de entrada, saída, limites, processamento, regras etc. Seus módulos executam processos com funções definidas.

É necessário incorporar a lógica do raciocínio caótico para tratar questões tais como:

1. Qual é a alternativa que garante a recuperação e a disseminação de algo que pode ocorrer fora do ambiente do sistema?

2. Como saber qual mensagem será de fato uma informação para o usuário?
3. Quando se trata dos critérios de seleção ou de indexação, alterações, por menor que sejam, conduzem a grandes alterações na informação recuperada.

Figura 31 - Caos.

Uma consulta tratada por formas distintas recupera tanto documentos altamente relevantes, quanto irrelevantes.

Qualquer alteração nos parâmetros iniciais de uma consulta pode afetar o SRI dado que ele apresenta traços bastante semelhantes aos de um fractal. Um exemplo dessa tese é a lei dos 80/20 que apresenta uma impressionante invariância na escala. O tamanho da coleção não afeta o resultado em que

20% dela atendem a 80% da demanda dos usuários. E ainda, reduções nessa coleção para, por exemplo, 20% de seu tamanho inicial, não modificarão significativamente o padrão, retomando a relação 80/20.

Para vários autores a complexidade é o limite entre a ordem e o caos. Assim, em sistemas complexos há muitos componentes independentes interagindo uns com os outros de diversas formas. Esta diversidade de interações é um dos motivos da auto-organização espontânea que ocorre em tais sistemas.

Além disso os sistemas complexos, auto-organizáveis, são também adaptativos e tem a capacidade de transformar tudo o que for possível em vantagens, Um excelente exemplo é o cérebro humano, organizando, reorganizando, reconfigurando bilhões de conexões neuronais a fim de aprender com as experiências vividas.

Segundo Afanasiev (1977), sistemas complexos apresentam um dinamismo auto-organizante e adaptativo que os diferencia de objetos estáticos como chips de computador.

Cabe observar que a coerência, a estrutura e a auto-organização associativa dos sistemas complexos não são explicados apenas pelo caos

Faço aqui, então, uma provocação. Se consideramos que os SRIs podem ser analisados como sistemas complexos, que a informação é algo que se aproxima do caos e que o determinismo é mais efeito especial do que uma realidade comprovada, onde podemos situar a Ciência da Informação?

Tenha calma, paciência e siga comigo!

2.6 Ciência da informação

Nas décadas de 60 e 70, do século XX, alguns autores descreveram uma Ciência da Informação definida como uma ciência:

- Associada à teoria matemática da comunicação.
- Cheia de ânimos renovados pela emergente automação de SRIs e de bases de dados.

- Direcionada aos problemas de semântica.
- Ocupada com a representação da informação e com os estudos iniciais de relevância e avaliação de desempenho dos SRIs.
- Desenvolvendo trabalhos para compreender os processos de comunicação e o comportamento de seus usuários.
- Seu nascimento ocorreu formalmente em uma reunião do Georgia Institute of Technology em 1962. Foi conceituada por Shera como:

"Ciência que investiga as propriedades e o comportamento da informação, as forças que governam o fluxo da informação e os meios de processamento da informação para acessibilidade e usabilidade ótimas. Os processos incluem a geração, disseminação, coleta, organização, armazenamento, recuperação, interpretação e uso da informação. A área é derivada de ou relacionada à matemática, lógica, linguística, psicologia, tecnologia computacional, pesquisa operacional, artes gráficas, comunicações, biblioteconomia, administração e algumas outras áreas".

Como parte desse nascimento o American Documentation Institute foi alterado para American Society for Information Science e seu periódico, American Documentation, teve o nome alterado para Journal of the American Society for Information Science.

Assim como acontece com qualquer área temática nascente, as pesquisas iniciais na Ciência da Informação emprestaram métodos de outras áreas da ciência e adaptaram outros. Seus fundamentos foram construídos por conjuntos de conceitos e teorias, leis e quase-leis.

Aos poucos foram surgindo os questionamentos iniciais sobre os contornos e preocupações de uma ciência que alçava seu primeiros vôos intertemáticos e iniciava a investigação de seu próprio objeto.

A computação e a automação provocaram alterações em processos ligados à recuperação da informação, tais como a catalogação e a indexação, que tiveram que ser mais explicitados e puderam, então, ser questionados em seus fundamentos.

Entretanto, é lógico que para se definidos novos paradigmas, é necessário que se estabeleça algum paradigma, ou no mínimo novos contextos teórico-conceituais. Jarvelin e Vakkari (1993) afirmaram que "A metodologia da pesquisa (...) recebeu pouca atenção".

A pesquisa da área parece estar concentrada no uso de métodos empíricos, sugerindo um tratamento unidimensional nos pressupostos teóricos e formulações de problemas, segundo Jarvelin e Vakkari (1993) que ainda afirmam:

> "A discussão metodológica e a análise dos fundamentos da disciplina são ambas pré-requisitos para o uso mais diversificado de estratégias de pesquisa e uma articulação mais abrangente dos problemas de pesquisa. Estes tópicos deveriam, portanto, receber mais atenção. (...) De outra forma, não é possível aumentar a clareza conceitual das teorias existentes".

Tendo como base a definição de informação como algo que é capaz de transformar estruturas é possível questionar se uma Ciência da Informação se ocupa realmente da informação. E ainda, qual seu real objeto de estudo?

Se a Ciência da Informação vem tratando principalmente da organização e configuração de pacotes de dados e com a veiculação desse pacote, não será esse nome inadequado para esse segmento do conhecimento?

A Ciência da Informação deve aproximar-se do fenômeno que pretende estudar: o encontro entre a informação e o usuário. A força da informação, aliada aos modernos meios de comunicação de massa, tem poder ilimitado de transformar culturalmente o homem, a sociedade e a própria humanidade.

Evidencia-se na história da humanidade alguns períodos de grande crescimento científico, como identificado por Anderla (1979), "entre 1660 e

1960, todos os índices de volume da ciência multiplicaram-se por um fator de cerca de um milhão".

Figura 32 – Ciência da Informação.

Nos dias de hoje fala-se das grandes quantidades de dados em nuvem, tendo seu crescimento exponencial iniciado no século passado com a publicação e circulação de milhares de periódicos técnicos com os resultados das pesquisas sobre o desenvolvimento da ciência e da tecnologia.

O processo de aproximar as entidades documento e informação é uma demanda da sociedade atual, orientada para segmentos sociais diversos que têm necessidades distintas e percepções particularizadas de informação.

Os SIs caminham, então, para uma inversão em seu processo de crescimento para produzir sistemas menores e mais adequados. Não há como escapar da ação da entropia, o que faz com que a própria visão sistêmica tradicional seja inadequada tanto na forma quanto no conteúdo, não há sistemas abertos ou fechados.

Os desenvolvedores dos SIs precisam situar-se no Caos e rever os conceitos da engenharia de software à luz dessa teoria, buscando um futuro mais adequado a um mundo de big data para suas próprias teorias, leis, protótipos, modelos, conceitos etc. Como consequência direta haverá, no mínimo, uma reconceituação em seus próprios paradigmas de criadores de informação e sistemas.

Na prática as consequências de um futuro caótico são tão grandes e de tal impacto que é impossível listá-las todas. A título de exemplo podemos citar algumas:

- Revisão do conceito do que seja o profissional da informação, sua formação, atuação e educação continuada.

- Adequação dos SRIs às necessidades de consumidores cada vez mais dependentes de informação.

- Aprofundamento em uma nova abordagem teórico-conceitual em que a informação é viabilizada pela conjunção e até pela superposição das entidades documento e sistemas de informação.

- Análise do processamento dos documentos como um todo, em todo seu fluxo de disponibilização para acesso, desde a entrada até a saída, transformando-os em informação indexada com maior potencial de uso.
- A situação é complexa, sem sombra de dúvidas, mas temos conhecimento para prosseguir para um mundo de bases de dados mais eficientes e que sustentem um crescimento de informação que tende ao infinito.

CAPITAL HUMANO NO TRABALHO

"Cada indivíduo é uma fonte de valor inestimável dentro de uma organização, e o verdadeiro capital humano reside na diversidade de habilidades, conhecimentos e experiências que cada colaborador traz consigo."

McKinsey & Company

3 CAPITAL HUMANO NO TRABALHO. O VALOR DA EXPERIÊNCIA.

O conceito de capital humano tem se mostrado cada vez mais relevante em um mundo em constante transformação e evolução. De acordo com estudos e análises, o capital humano representa uma parte significativa da riqueza de um indivíduo, chegando a compor dois terços do total em uma média geral. Dentro desse contexto, a experiência de trabalho desempenha um papel fundamental, contribuindo com quase metade desse valor.

A experiência de trabalho não se limita apenas ao tempo dedicado a uma determinada função ou cargo, mas abrange todo o conjunto de habilidades, competências e conhecimentos adquiridos ao longo da trajetória profissional de uma pessoa. A experiência permite ao trabalhador desenvolver sua capacidade de realizar tarefas de forma eficiente, resolver problemas de maneira criativa, tomar decisões acertadas e se adaptar às mudanças e desafios do ambiente de trabalho.

Além disso, a experiência de trabalho é um fator determinante na construção da identidade profissional e na valorização do capital humano de um indivíduo. A presença de uma bagagem sólida de experiências profissionais pode abrir portas, facilitar o crescimento e progressão na carreira e agregar valor ao currículo de um trabalhador.

É importante ressaltar que, apesar da importância da experiência de trabalho, a busca contínua pelo aprendizado e pelo aprimoramento das habilidades é essencial para o desenvolvimento do capital humano e para a manutenção da relevância no mercado de trabalho em um cenário globalizado e altamente competitivo.

Portanto, investir na experiência profissional e no desenvolvimento de competências significa investir no próprio crescimento e na construção de um futuro promissor e bem-sucedido.

CAPITAL HUMANO NO TRABALHO

O recurso mais importante em qualquer economia ou organização é seu capital humano — ou seja, o conhecimento coletivo, atributos, habilidades, experiência e saúde da força de trabalho. O desenvolvimento do capital humano começa na primeira infância e continua através da educação formal e abrange toda a vida profissional.

Figura 33 – Só a experiência habilita o profissiona

O capital humano é muito mais do que uma abstração macroeconômica. Cada pessoa tem um conjunto único, vivo, respirando capacidades. Essas capacidades pertencem ao indivíduo, que decide onde colocá-los para trabalhar. O grau de escolha não é ilimitado, é claro.

As pessoas são produtos de geografia, família e educação; seus pontos de partida importam. Ter opções de carreira também depende das habilidades e atributos de um indivíduo, suas redes, suas obrigações familiares, a saúde do mercado de trabalho mais amplo e fatores sociais. E o mais importante de tudo que são suas soft skills.

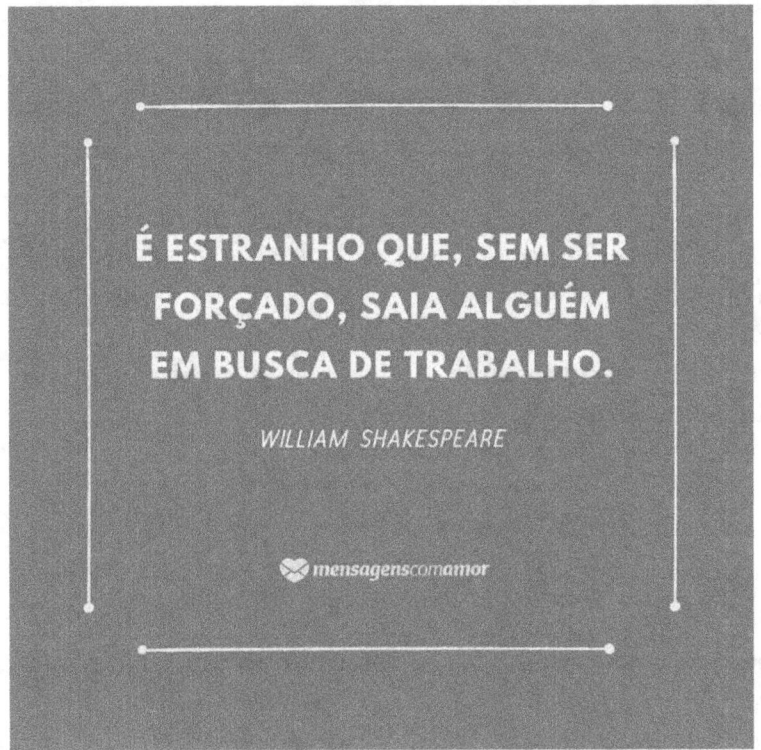

Figura 34 - Shakespeare e a busca pelo trabalho.

Embora reconheçamos essas restrições, os movimentos de carreira são, no entanto, um importante mecanismo para expandir habilidades e aumentar os ganhos.

Os padrões dentro do nosso conjunto de dados mostram que mudar para uma nova função compensa — e ainda mais quando alguém consegue uma nova posição que estica suas capacidades ou representa uma correspondência que melhor utiliza suas habilidades.

Em estudo recente da ONU cerca de um terço dos trabalhadores dos EUA, Alemanha e Reino Unido, e quase um quarto dos trabalhadores indianos, estão em um caminho para subir um ou mais quintis em ganhos estimados ao longo da vida de seus pontos de partida na carreira. Este grupo móvel ascendente se destaca por fazer movimentos de papéis mais frequentes e mais ousados.

Para pessoas sem credenciais educacionais que começam em posições de baixa remuneração em particular, o movimento é fundamental para aumentar seus ganhos.

Os movimentos de função ajudam os indivíduos a atualizar continuamente suas habilidades, aumentar sua renda e construir registros de faixas que se traduzem em valor.

No entanto, os indivíduos não podem fazer movimentos ousados que representam um verdadeiro salto a menos que um empregador veja seu potencial e se a tenha uma chance em contratá-los.

A maneira mais eficaz para um indivíduo maximizar o "efeito experiência" é se juntar a uma organização que prioriza e fortalece seu desenvolvimento.

3.1 Experiência de trabalho agrega ao valor do capital humano

A percepção do valor do capital humano tem fundamentação na base da educação formal e aumenta de acordo com o desenvolvimento das soft skills do profissional.

É possível definir a experiência de trabalho de forma holística como o conhecimento acumulado que os trabalhadores ganham por estarem no mercado de trabalho.

Isso pode ocorrer através do trabalho em si, programas formais de aprendizagem e desenvolvimento fornecidos pelo empregador e mudanças de trabalho que melhor correspondem às habilidades existentes de alguém ou permitem

As organizações estruturam seus ambientes de trabalho com sistemas e práticas que ajudam os funcionários a se tornarem mais produtivos. Quando as pessoas entram nessas configurações, o valor é criado. Além de ganhar salários, os trabalhadores ganham conhecimento e novas capacidades que carregam com eles para o resto de suas carreiras.

Figura 35 - A difícil escalada profissional.

Muitas funções exigem que os funcionários se tornem proficientes em novos tipos de software ou equipamento. Os colaboradores se beneficiam de programas estruturados de aprendizagem e coaching diário no trabalho. Há insights a serem adquiridos vendo colegas lidarem com situações complicadas graciosamente (ou não) e vendo como os gestores motivam suas equipes (ou não).

Alguém que começa a receber pedidos em um restaurante de fast-food aprende a arte de lidar com clientes difíceis e ficar "frio" sob pressão.

Alguém que começa em TI respondendo perguntas em uma central de ajuda absorve conhecimento técnico que eles continuam a usar quando se tornam administradores de rede.

Um funcionário de inventário que observa seu gerente resolver problemas logísticos pode aplicar essas abordagens em uma futura função como gerente de armazém ou agente de compras.

3.2 Experiência de trabalho contribui com 40 a 60% do capital humano de um trabalhador

A valorização e o reconhecimento do capital humano como um dos principais pilares da riqueza individual são aspectos essenciais no atual cenário econômico e social. Estudos apontam que o capital humano representa cerca de dois terços da totalidade da riqueza de um indivíduo, evidenciando a importância dos conhecimentos, habilidades e competências adquiridas ao longo da vida.

Dentre os fatores que contribuem significativamente para a formação desse capital humano, destaca-se a experiência de trabalho. Através das vivências e aprendizados no ambiente profissional, é possível adquirir habilidades específicas e genéricas que são fundamentais para o desenvolvimento pessoal e profissional. Estima-se que a experiência de trabalho seja responsável por cerca de 46% do valor total do capital humano ao longo de uma carreira típica.

No entanto, é importante ressaltar que essa porcentagem varia significativamente de acordo com o contexto e as circunstâncias individuais. A contribuição da experiência de trabalho para o capital humano pode ser influenciada por diversos fatores, como o nível de qualificação, a área de atuação, o ambiente organizacional e as oportunidades de desenvolvimento profissional disponíveis.

Nesse sentido, é fundamental que os indivíduos estejam conscientes da importância da experiência de trabalho na construção e valorização do seu capital humano. Investir em oportunidades de aprendizado, buscar desafios e projetos que permitam o desenvolvimento de novas competências e manter-se atualizado em relação às tendências e inovações do mercado de trabalho são estratégias essenciais para potencializar a contribuição da experiência profissional para a riqueza individual.

Assim, ao reconhecer e valorizar a importância da experiência de trabalho como um catalisador para o crescimento e aprimoramento do capital humano, os indivíduos poderão maximizar seu potencial, expandir suas perspectivas e alcançar um maior sucesso e realização ao longo de suas trajetórias profissionais. O efeito da experiência parece surpreendentemente semelhante entre as economias avançadas.

A contribuição da experiência de trabalho para os ganhos e desenvolvimento profissional ao longo da vida de um indivíduo é um aspecto crucial a ser considerado no cenário econômico global.

Dados apontam que nos Estados Unidos, a experiência de trabalho representa uma parcela significativa, correspondendo a 40% dos ganhos médios ao longo da vida. De forma semelhante, tanto na Alemanha quanto no Reino Unido, a experiência de trabalho contribui com aproximadamente 43% dos rendimentos ao longo da trajetória profissional.

Esses números refletem a importância da experiência de trabalho não apenas como um fator determinante na construção do capital humano, mas também como um impulsionador dos ganhos financeiros ao longo da carreira de um indivíduo.

A vivência e os aprendizados adquiridos ao longo do percurso profissional têm o potencial de agregar valor ao desempenho e às competências de um trabalhador, refletindo diretamente em sua capacidade de gerar renda e alcançar uma maior estabilidade financeira.

A experiência de trabalho não se limita apenas ao aspecto monetário, mas também desempenha um papel essencial na construção da identidade profissional, no desenvolvimento das competências interpessoais e técnicas, na ampliação do networking e na abertura de novas oportunidades de crescimento e progressão na carreira.

CAPITAL HUMANO NO TRABALHO

No entanto, é importante ressaltar que a contribuição da experiência de trabalho para os ganhos pode variar de acordo com diversos fatores, como o setor de atuação, o nível de especialização, a demanda do mercado e as oportunidades de crescimento profissional disponíveis em cada país.

Dessa forma, é fundamental que os profissionais estejam atentos às oportunidades de aprendizado e desenvolvimento ao longo de suas carreiras, buscando constantemente aprimorar suas habilidades e competências para obter ganhos financeiros e realizações profissionais mais sólidas e duradouras.

Assim, ao reconhecer e valorizar a contribuição da experiência de trabalho para os ganhos ao longo da vida, os profissionais poderão potencializar seu crescimento e sucesso profissional, aproveitando ao máximo as oportunidades. Em contrapartida, a experiência de trabalho contribui com 58% dos ganhos médios ao longo da vida na Índia.

O acesso à educação continua sendo um desafio fundamental na Índia — e com apenas 12% da população tendo ensino superior a partir de 2020, a experiência de trabalho será um driver mais importante de renda para a força de trabalho como um todo por padrão.

A relação entre níveis de realização educacional, produtividade e crescimento salarial representa um aspecto fundamental no contexto das economias emergentes. Em países onde os níveis de realização educacional são baixos, mas a produtividade e os salários estão em ascensão a partir de um ponto de partida modesto, é presumível que os ganhos ao longo da vida sigam padrões semelhantes.

Nessas economias emergentes, a educação desempenha um papel crucial na capacitação e na melhoria das habilidades da força de trabalho, sendo um fator determinante na produtividade e no desenvolvimento econômico. À medida que os trabalhadores adquirem novos conhecimentos e competências por meio da educação e da experiência de trabalho, eles se tornam mais eficientes e qualificados para desempenhar suas funções, o que, por sua vez, influencia positivamente a produtividade e, consequentemente, os ganhos financeiros ao longo da vida.

CAPITAL HUMANO NO TRABALHO

Além disso, o crescimento salarial a partir de um patamar inicial baixo pode impulsionar uma trajetória de ganhos ascendente ao longo da carreira profissional. À medida que a economia se desenvolve e novas oportunidades de emprego surgem, os trabalhadores podem se beneficiar do aumento da demanda por profissionais qualificados e da valorização de suas habilidades.

No entanto, é importante ressaltar que o impacto da educação e da produtividade nos ganhos ao longo da vida pode variar de acordo com as características e desafios específicos de cada economia emergente. Dessa forma, é essencial que políticas educacionais e econômicas sejam desenvolvidas e implementadas de forma estratégica e sustentável, visando promover um ambiente propício ao crescimento profissional e à valorização do capital humano.

Assim, ao considerar a interconexão entre educação, produtividade e crescimento salarial nas economias emergentes, é possível vislumbrar um cenário de desenvolvimento e progresso, onde os trabalhadores têm a oportunidade de alcançar ganhos significativos ao longo de suas carreiras, contribuindo para o fortalecimento e a consolidação da economia local e para o aumento do bem-estar da sociedade como um todo.

O investimento contínuo na educação e no desenvolvimento das habilidades dos trabalhadores é essencial para impulsionar a competitividade, a inovação e o crescimento sustentável das economias emergentes.

A melhoria dos níveis educacionais, aliada à valorização e reconhecimento da experiência de trabalho, desempenha um papel crucial na formação de uma força de trabalho qualificada e adaptável às demandas do mercado global. Com ganhos ao longo da vida em constante evolução, os trabalhadores têm a oportunidade de construir carreiras sólidas e financeiramente recompensadoras, contribuindo para a prosperidade individual e coletiva.

É por meio da combinação eficaz entre educação, produtividade e crescimento salarial que as economias emergentes podem fortalecer suas bases econômicas, impulsionar o desenvolvimento sustentável e melhorar a qualidade de vida de seus cidadãos. Ao priorizar o investimento no capital humano e na valorização do conhecimento e das habilidades, é possível construir um futuro promissor e digno para as gerações presentes e futuras.

Portanto, a construção de uma sociedade mais justa, equitativa e próspera requer um comprometimento contínuo com a educação, a formação profissional e o desenvolvimento pessoal, visando não apenas o crescimento econômico, mas também o bem-estar e a realização das pessoas. Por meio de políticas e estratégias eficazes, é possível impulsionar os ganhos ao longo da vida e criar oportunidades de progresso e sucesso para todos os membros da sociedade em economias emergentes.

Figura 36 – A diferença que a experiência faz.

O inverso geralmente é verdadeiro para pessoas que começam em ocupações com menores requisitos educacionais. Eles normalmente ganham menos ao longo da vida, com a maior parte impulsionada pela experiência de trabalho.

CAPITAL HUMANO NO TRABALHO

O crescimento da renda de um lavador de louça que se torna um assistente de cozinha responsável pela preparação de alimentos e na sequência se torna um cozinheiro auxiliar e eventualmente um *sous chef* é quase inteiramente alimentado por técnicas e truques do comércio aprendido no trabalho.

Além de permitir que alguém adquira habilidades, a experiência de trabalho dá a essa pessoa um histórico, que é valioso em si mesmo para o sinal que envia para potenciais futuros empregadores. Este *life long professional learning* é amplamente enriquecido pelo desenvolvimento das soft skills envolvidas neste aprendizado.

Nos Estados Unidos, por exemplo, o tamanho do efeito de experiência varia substancialmente entre as ocupações iniciais. Na parte baixa do segmento de fisioterapia, por exemplo, estão quiropratas.

Antes de tratar os pacientes, eles devem completar um programa de qualificaçao em quiropraxia que pode levar de três a cinco anos, depois passar por uma série de exames de licenciamento. Suas habilidades de nível básico representam 85% de seus ganhos ao longo da vida.

Enquanto uma maior realização educacional geralmente se correlaciona com maiores ganhos ao longo da vida, algumas pessoas desafiam as probabilidades.

Alguém que frequentou escolas de má qualidade e não tem qualquer ensino ou treinamento extracurricular está começando por trás no mercado de trabalho. Muitos empregadores dependem de diplomas universitários como um sinal bem estabelecido da empregabilidade de um candidato.

No entanto, a desvantagem educacional não precisa travar o destino, pelo menos não para todos. Nos Estados Unidos, por exemplo, nossas projeções de ganhos ao longo da vida mostram um subconjunto de pessoas que superam as probabilidades.

A desvantagem educacional não precisa travar os ganhos da vida — pelo menos não para todos.

Figura 37 – Capital humano como fator profissional.

Em todos os países há um contingente considerável de pessoas que está no caminho para subir um ou mais quintis de seus pontos de partida na carreira. Isso se aplica a cerca de um terço dos trabalhadores em economias avançadas.

30% nos Estados Unidos, 32% na Alemanha e 34% no Reino Unido e a 23% dos trabalhadores na Índia. Nos Estados Unidos, cerca de 6,1% estão no caminho certo para passar da parte inferior para o quintil superior em ganhos.

O grupo móvel em ascensão parece estar acumulando experiência de trabalho de forma eficaz que gera benefícios reais. Os ganhos de soft skills e de experiência promovem um credenciamento que gera 60 a 80% dos ganhos ao longo da vida, mas apenas 35 a 55% para aqueles que permaneceram estagnados ou defasados.

Infelizmente, muitas pessoas são incapazes de dar esses saltos por causa de barreiras estruturais e sociais, como preconceitos, os efeitos duradouros da educação desigual e a falta de redes profissionais.

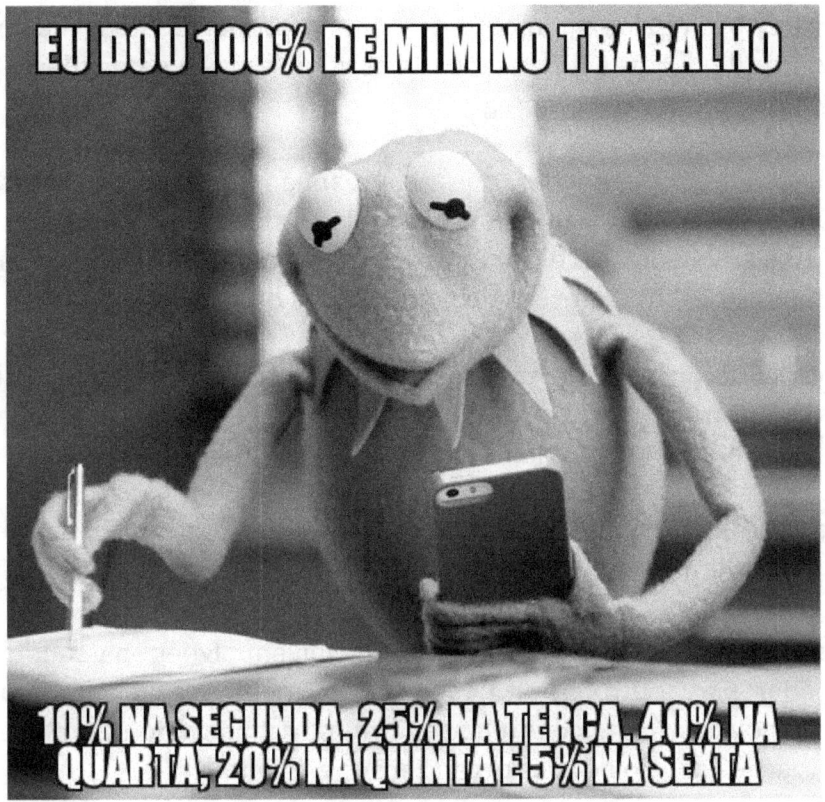

Figura 38 – A dedicação do profissional.

A troca de chapéus, a analogia comumente feita em relação á troca de papéis profissionais, produz um efeito benéfico em relação às habilidades e podem desbloquear ganhos mais altos e abrem portas para a mudança para melhores postos.

O movimento é uma característica inerente ao mercado de trabalho. Em todo o conjunto de dados, a pessoa média trocou de função a cada dois ou quatro anos, com uma distância mediana de habilidade de 25 a 45%, dependendo do país. Isso importa porque os movimentos de papel permitem que os indivíduos construam ou demonstrem suas habilidades.

Os movimentos podem envolver trabalhadores assumindo novos papéis dentro de sua empresa atual, mudando para um empregador diferente, mudando especialidades ou ocupações, ou buscando uma combinação dessas estratégias. A qualquer momento, uma proporção significativa de movimentos de papéis é desencadeada por demissões e demissões, além de mudanças voluntárias no emprego.

Os estudos das organizações que acompanham o mercado de trabalho registram dados que indicam que estes movimentos aumentaram os salários em 6 a 10% em média. No entanto, isso inclui pessoas que se mudaram para papéis de menor remuneração, seja por escolha ou por necessidade.

Quarenta a 50% dos movimentos de papel observados na década envolveram aumentos salariais. Os trabalhadores que fizeram esses movimentos conseguiram aumentar seus ganhos em 30 a 45% em média cada vez.

Mais de 80% dos movimentos de papel envolvem pessoas que se deslocam de um empregador para outro.

Mais de 80% dos movimentos de papéis envolvem alguém passando de um empregador para outro. Muito menos movimentos envolveram pessoas sendo promovidas em funções mais seniores ou ramificando-se em diferentes especializações dentro de suas organizações existentes.

Este alto nível de movimento é verdadeiro em todas as camadas. Isso parece indicar que muitos empregadores não têm faixas de avanço interno que são largas o suficiente para manter a maioria das pessoas crescendo e trabalhando em direção a recompensas mais altas ao longo do tempo.

Indivíduos que querem se reinventar e assumir papéis mais seniores muitas vezes têm que ir para um novo ambiente para fazê-lo.

3.3 Quanto mais ousado o movimento, maior o impulso.

A máxima "quanto mais ousado o movimento, maior o impulso" reflete um princípio fundamental no cenário profissional e de carreira. Aqueles que se arriscam a assumir novos desafios e papéis que envolvem mudanças significativas são frequentemente recompensados com oportunidades e benefícios mais amplos. Ao observar a trajetória de carreira de profissionais bem-sucedidos, é possível constatar que os movimentos de papel desempenham um papel crucial na evolução e no crescimento profissional de um indivíduo.

Quando alguém decide mudar de emprego e assumir uma nova posição, é comum notar que essa mudança traz consigo uma série de desafios e requisitos de habilidade distintamente novos em relação à posição anterior. Esses novos desafios podem incluir a necessidade de adquirir novas competências, lidar com responsabilidades adicionais, enfrentar situações inéditas e desenvolver novas formas de trabalhar e interagir com colegas e líderes.

Essa dinâmica de movimento e evolução na carreira não apenas estimula o crescimento pessoal e profissional do indivíduo, mas também abre portas para oportunidades de aprendizado, desenvolvimento e progresso. A coragem de se aventurar em novos territórios e assumir desafios mais complexos pode resultar em recompensas substanciais, como promoções, aumento de salário, reconhecimento profissional e satisfação pessoal.

No entanto, é importante ressaltar que a ousadia e a disposição para assumir novos desafios devem ser acompanhadas de um planejamento estratégico e de um compromisso com o desenvolvimento contínuo. É fundamental estar preparado para enfrentar os obstáculos e imprevistos que surgirem no caminho, buscando constantemente aprimorar suas habilidades, ampliar seu conhecimento e fortalecer sua capacidade de adaptação às mudanças do mercado de trabalho.

Ao adotar uma postura proativa e ousada em relação à sua carreira, os profissionais podem colher os frutos de seus esforços e alcançar novos patamares de realização e sucesso. A disposição para se desafiar e buscar constantemente novas oportunidades de crescimento não apenas impulsiona o desenvolvimento profissional, mas também alimenta a paixão pelo trabalho e a motivação para alcançar objetivos cada vez mais ambiciosos.

CAPITAL HUMANO NO TRABALHO

Os movimentos de papel em uma carreira representam momentos decisivos que podem moldar o futuro de um profissional e abrir portas para novas e empolgantes possibilidades. A decisão de assumir novos papéis e enfrentar desafios mais complexos é um reflexo do potencial e da determinação de um indivíduo em expandir seus horizontes e buscar realizações significativas em sua vida profissional.

É por meio da coragem de se arriscar e da disposição para sair da zona de conforto que os profissionais podem explorar todo o seu potencial, adquirir novas experiências e estabelecer um legado duradouro em suas respectivas áreas de atuação. Cada movimento de papel, por mais desafiador que seja, representa uma oportunidade única de crescimento e aprendizado, permitindo que os profissionais se tornem mais resilientes, criativos e adaptáveis às demandas do mercado de trabalho.

Portanto, ao analisar a trajetória de carreira dos profissionais e observar os impactos positivos dos movimentos de papel em suas vidas, torna-se evidente que a ousadia e a determinação em assumir novos desafios são fundamentais para o desenvolvimento pessoal e profissional. Aqueles que estão dispostos a se lançar em direção ao desconhecido e a abraçar oportunidades de crescimento contínuo estão mais propensos a alcançar o sucesso e a realização em suas carreiras.

Os movimentos de aumento salarial envolvem uma distância de habilidade de 35 a 50% entre os países, maior do que a faixa de 25 a 45% para todos os movimentos entre os países. Em outras palavras, quando alguém fez um movimento por salários mais altos, seu novo trabalho normalmente envolvia uma parcela mais significativa de habilidades e responsabilidades que não faziam parte de seu trabalho anterior.

A nova função pode ser uma grande oportunidade de aprendizado, ou pode ser uma melhor combinação que permite que alguém implante habilidades existentes que eles não têm usado. Movimentos incrementais com requisitos em grande parte sobrepostos não embalam a mesma ascensão.

Nos Estados Unidos, por exemplo, as pessoas que se mudaram para quintis de maior renda tiveram uma média de 4,6 movimentos durante poucos anos, enquanto as que permaneceram no mesmo patamar tiveram média de 3,7 movimentos.

O movimento ascendente nos EUA e na Índia demonstram distâncias médias de habilidades de 30 a 40%; aqueles que permaneceram estabilizados tiveram uma média de apenas 20 a 30%.

Esse crescimento de habilidades se compõe a cada movimento, resultando em uma mudança muito maior de capacidades e responsabilidades ao longo de toda uma vida profissional.

Figura 39 – Mafalda e o problema do certo e errado.

Os empregadores podem atrair e reter talentos reconhecendo o potencial, abraçando a mobilidade e fortalecendo o aprendizado. Mas, infelizmente, nem todas as empresas são igualmente boas em desenvolver pessoas. O tamanho não é o diferencial, pois percebe-se que as pequenas empresas podem ser tão adeptas quanto suas maiores contrapartes nessa área.

Mas as empresas com a saúde organizacional mais forte, aquelas que oferecem treinamento mais estruturado para seus colaboradores, e aquelas que oferecem mais oportunidades de avanço interno parecem se destacar. As pessoas se juntam a essas empresas para construir conhecimento e networking, entendendo que sua experiência fornecerá um sinal valioso para outros empregadores para o restante de suas carreiras. A experiência inicial de carreira nessas empresas ajuda os funcionários a se tornarem mais móveis.

As empresas podem ajudar os indivíduos a crescerem — e estabelecer-se como grandes organizações de aprendizagem e ímãs para talentos no processo.

Três prioridades se destacam, como descrito a seguir.

3.3.1 Entender o potencial nas pessoas, bem como seus conhecimentos e habilidades atuais.

A maioria dos empregadores pode se beneficiar de desafiar o *status quo* de como eles selecionam pessoas para funções abertas.

A abordagem de recrutamento e seleção adotada por algumas das principais organizações vai além da simples correspondência entre a experiência prévia dos candidatos e as responsabilidades do cargo em questão.

Em vez de se limitar a procurar candidatos externos cujo histórico profissional seja exatamente alinhado às demandas imediatas do papel em aberto, essas organizações inovadoras desenvolveram sistemas de avaliação que priorizam a capacidade de aprendizado, habilidades intrínsecas e habilidades transferíveis dos candidatos.

Essa mudança de paradigma no processo de seleção reflete uma compreensão mais ampla e profunda de que a experiência anterior nem sempre é o único ou o melhor indicador de sucesso em determinado cargo.

Ao reconhecer que as habilidades e competências adquiridas em funções anteriores podem ser transferíveis e adaptáveis a novos desafios, as organizações estão apostando em candidatos com potencial de desenvolvimento e crescimento, em vez de se prenderem apenas ao histórico de trabalho.

A avaliação da capacidade de aprender dos candidatos é um aspecto crucial nesse novo modelo de recrutamento. A aptidão para absorver novos conhecimentos, assimilar informações complexas e aplicar aprendizados prévios de forma eficaz pode ser um diferencial significativo na seleção de profissionais com potencial de crescimento e evolução na carreira.

Além disso, a valorização das habilidades intrínsecas dos candidatos, como a criatividade, resiliência, habilidades de comunicação e pensamento crítico, é essencial para identificar indivíduos com capacidade de se destacar e trazer inovação para a organização. Essas competências fundamentais, muitas vezes não mensuráveis através de experiência prévia, podem ser cruciais para a construção de equipes diversificadas e dinâmicas.

O reconhecimento das habilidades transferíveis dos candidatos, ou seja, da capacidade de aplicar conhecimentos e competências adquiridos em contextos diversos e desafiadores, revela um olhar mais abrangente sobre o potencial dos profissionais em se adaptar e se destacar em novos cenários e ambientes de trabalho.

A implementação de sistemas de avaliação mais abrangentes e holísticos no processo de seleção de candidatos reflete uma visão de longo prazo por parte das organizações, que buscam desenvolver equipes diversificadas e multifacetadas, capazes de enfrentar os desafios do mercado atual de forma inovadora e eficaz. Ao reconhecer e valorizar não apenas a experiência passada dos profissionais, mas também suas habilidades inatas e potencial de aprendizado, as empresas estão investindo no fortalecimento de suas equipes e na promoção de um ambiente de trabalho dinâmico e enriquecedor.

A capacidade de aprender de forma contínua e adaptar-se a novos contextos é um diferencial cada vez mais valorizado no mundo corporativo, onde a mudança e a inovação são constantes.

Os profissionais que demonstram essa habilidade de se reinventar e adquirir novos conhecimentos têm mais chances de se destacar e progredir em suas carreiras, contribuindo para o sucesso e a competitividade das organizações.

Além disso, ao considerar as habilidades intrínsecas dos candidatos, como a criatividade, a resiliência e a capacidade de resolver problemas complexos, as empresas estão fortalecendo sua capacidade de enfrentar os desafios do mundo empresarial de forma proativa e eficaz.

Essas competências essenciais transcendem as experiências profissionais anteriores e são fundamentais para impulsionar a inovação e a excelência em todos os níveis da organização.

Ao valorizar as habilidades transferíveis dos profissionais, ou seja, a capacidade de aplicar conhecimentos e competências em diferentes contextos, as empresas estão promovendo a versatilidade e a adaptabilidade de seus colaboradores. Essa abordagem não apenas enriquece as equipes com diferentes perspectivas e experiências, mas também fortalece a capacidade da organização de se reinventar e se manter relevante em um mercado em constante transformação.

A valorização da capacidade de aprender, das habilidades intrínsecas e das habilidades transferíveis dos candidatos representa uma mudança significativa nas práticas de recrutamento e seleção de talentos, orientando as organizações a adotar uma abordagem mais aberta, inclusiva e orientada para o futuro.

Ao considerar um candidato não apenas pelo seu passado profissional, mas também pelas suas competências, potencial de crescimento e adaptabilidade, as empresas estão construindo equipes mais resilientes e preparadas para enfrentar os desafios do ambiente de trabalho contemporâneo.

Essa abordagem inovadora de recrutamento não apenas amplia o leque de oportunidades para profissionais em transição de carreira ou em busca de novos desafios, mas também fomenta a diversidade e a igualdade de oportunidades no mercado de trabalho. Ao avaliar os candidatos com base em critérios mais amplos e inclusivos, as organizações estão promovendo a meritocracia e o reconhecimento do potencial individual, independentemente de origem, gênero ou experiência prévia.

A mudança de foco para a capacidade de aprendizado, habilidades intrínsecas e habilidades transferíveis dos candidatos reflete uma mentalidade voltada para o desenvolvimento contínuo e a inovação. A busca por profissionais que demonstrem versatilidade, criatividade e proatividade pode impulsionar a inovação e a excelência dentro das empresas, abrindo caminho para novas ideias e soluções disruptivas.

Ao adotar sistemas de avaliação mais abrangentes e flexíveis, as principais organizações estão redefinindo os padrões do recrutamento moderno, priorizando o potencial de crescimento e o ajuste cultural dos candidatos em relação às habilidades técnicas específicas. Essa abordagem visionária não apenas beneficia os profissionais em busca de novas oportunidades, mas também fortalece as empresas, tornando-as mais ágeis, diversificadas e preparadas para enfrentar os desafios do futuro com resiliência e inovação.

Isso requer projetar avaliações adequadas para o propósito, focando nas poucas habilidades fundamentais que importam para o sucesso na função.

3.3.2 Abraçar a mobilidade.

Como não há como evitar que os talentos deixem a organização, a chave para os empregadores é se tornar parte desse fluxo. Os empregadores podem tentar superar as probabilidades de ambos os lados desta dinâmica 80-20.

De um lado, eles podem atrair os melhores candidatos entre os grandes talentos que está sempre em busca. Por outro lado, podem aumentar a produtividade e o engajamento de funcionários valiosos que ficam.

Para garantir que os funcionários talentosos não precisem ir a outro lugar para avançar, as organizações devem definir a expectativa de que parte do trabalho de um gerente é desenvolver pessoas que irão para outras atividades. Cada função deve ter caminhos claros para papéis futuros, com requisitos de habilidade delineados em cada etapa.

Uma maneira de fazer isso em uma grande organização é criar uma plataforma digital interna onde os funcionários possam acessar módulos de aprendizagem e encontrar sua próxima oportunidade. Mobilidade é experiência, não apenas progressão ascendente.

O movimento lateral é uma oportunidade negligenciada para muitas organizações. Quando funcionários talentosos seguirem em frente, celebre-os como histórias de sucesso e não fechem a porta para recebê-los de volta em uma capacidade diferente no futuro.

3.3.3 Fortalecer o coaching, especialmente no início do mandato de um funcionário.

Um grande desenvolvimento de habilidades acontece no dia a dia no trabalho. Coaching e aprendizado podem maximizar esse efeito.

Os primeiros anos de uma carreira e, de forma semelhante, o primeiro ano em um novo trabalho, desempenham um papel essencial no desenvolvimento profissional e na integração dos colaboradores.

A transição para um novo ambiente de trabalho, com suas dinâmicas, cultura organizacional e desafios específicos, pode ser um momento determinante para estabelecer as bases de uma relação duradoura e produtiva entre o profissional e a empresa.

Nesse sentido, o processo de onboarding formal não deve ser visto apenas como uma simples sessão de orientação, mas como um período contínuo, que se estende ao longo de seis meses a um ano, e que envolve uma jornada cuidadosamente planejada e executada.

O onboarding eficaz vai muito além da apresentação das políticas, procedimentos e estrutura organizacional da empresa. Ele deve proporcionar uma imersão completa no ambiente de trabalho, facilitando a integração do novo colaborador à cultura e aos valores da organização, bem como ao seu papel e responsabilidades dentro da equipe.

Ao longo desse período de adaptação, o profissional tem a oportunidade de conhecer a fundo a empresa, seus colegas e seus projetos, o que contribui para que se sinta parte integrante do time e alinhado com os objetivos e valores da organização.

A jornada de onboarding deve ser estruturada de forma a promover não apenas a integração do colaborador, mas também o seu desenvolvimento profissional e pessoal. Por meio de mentorias, treinamentos e feedbacks regulares, a empresa pode fornecer o suporte necessário para que o novo membro da equipe se sinta confortável, confiante e capacitado para desempenhar suas funções com excelência.

Além disso, o onboarding pode ser um momento propício para estabelecer metas claras, identificar oportunidades de crescimento e estabelecer um plano de desenvolvimento individualizado para o profissional.

Ao investir em um onboarding abrangente e bem estruturado, as organizações não apenas facilitam a integração de novos colaboradores, mas também promovem o engajamento, a retenção e o desenvolvimento de talentos dentro da empresa.

Um processo de onboarding eficaz envolve uma abordagem abrangente que vai além da simples acolhida do novo colaborador, mas também engloba a construção de relações interpessoais, o alinhamento de expectativas e a criação de um ambiente propício ao desenvolvimento e sucesso mútuo.

Durante os primeiros meses em um novo ambiente de trabalho, o colaborador está em fase de adaptação e absorção de informações. É nesse período que ele desenvolve uma compreensão mais profunda da cultura organizacional, dos processos internos e das expectativas de desempenho.

O onboarding bem estruturado proporciona as ferramentas e recursos necessários para que o colaborador se integre de forma eficaz, permitindo que ele se sinta parte da equipe e encontre seu espaço dentro da empresa.

Além disso, o onboarding contínuo desempenha um papel crucial no desenvolvimento do colaborador, fornecendo suporte e direcionamento para que ele possa adquirir novas habilidades, expandir seu conhecimento e atingir todo o seu potencial.

Através de mentorias, treinamentos personalizados e feedbacks construtivos, o profissional pode crescer e evoluir em sua carreira, contribuindo de forma significativa para o sucesso da empresa.

Por outro lado, as organizações que investem em um onboarding sólido e consistente colhem os frutos de uma equipe engajada, motivada e preparada para enfrentar os desafios do mercado. A valorização do novo colaborador desde os primeiros passos no ambiente de trabalho cria um clima organizacional positivo, favorecendo a retenção de talentos e contribuindo para a construção de uma cultura de alto desempenho.

Em resumo, o onboarding formal e a jornada cuidadosamente criada que o acompanha não são apenas elementos de integração, mas sim ferramentas poderosas para promover o sucesso mútuo entre colaborador e empresa. Ao investir nesse processo de acolhida e desenvolvimento do novo profissional, as empresas reforçam sua posição no mercado, fortalecem sua equipe e constroem as bases para um futuro promissor e sustentável.

As organizações podem fornecer as ferramentas para um processo de adaptação continuado, incluindo um gerente comprometido em fornecer coaching e facilitar conexões.

Mesmo depois de adaptados e inseridos na empresa, os colaboradores precisam de oportunidades contínuas para aprender. Isto resulta em aumento no moral das equipes e na redução dos atritos.

Em uma pesquisa da Gallup de junho de 2021, 65% dos trabalhadores dos EUA disseram que aprender novas habilidades é um fator extremamente ou muito importante para decidir se aceita um novo emprego, e 61% disseram que era extremamente ou muito importante decidir se permaneceriam no emprego atual.

CAPITAL HUMANO NO TRABALHO

Ao reconhecer e investir no desenvolvimento do capital humano, as empresas estão construindo uma base sólida para o sucesso a longo prazo, pois são os talentos e habilidades dos profissionais que impulsionam a inovação e o crescimento."

Harvard Business Review

---

4 O CONHECIMENTO NECESSÁRIO QUE TODO PROSSIONAL DO MUNDO MODERNO DEVE TER.

O conhecimento técnico é fundamental para se exercer qualquer atividade numa empresa. As empresas, ao selecionarem seus candidatos, esperam que todos que estejam disputando a vaga tenham o conhecimento previamente exigido.

Mas o que vemos não é exatamente assim, pois lamentavelmente recebemos nas empresas inúmeros currículos de profissionais, sem qualquer condição de contratação. São pessoas, totalmente desalinhadas com as exigências para o cargo, totalmente despreparadas no aspecto de conhecimento técnico e até mesmo sem profissão.

Ao longo dos anos, o conhecimento técnico de um profissional passa por um processo contínuo de desenvolvimento e aprimoramento, refletindo as evoluções e demandas do mercado de trabalho. Um exemplo claro desse progresso é a história pessoal de muitos profissionais, que no início de suas carreiras podem ter adquirido habilidades técnicas que, com o tempo, tornaram-se obsoletas ou menos relevantes.

O relato de ingressar no primeiro emprego com o conhecimento em datilografia como destaque no currículo ilustra bem como as habilidades técnicas podem se transformar ao longo do tempo. No passado, a datilografia era uma habilidade essencial para profissionais de escritório e era até mesmo considerada um diferencial no mercado de trabalho.

No entanto, com o avanço da tecnologia e a popularização dos computadores e softwares de processamento de texto, a datilografia deixou de ser uma habilidade fundamental para a maioria das profissões.

Atualmente, as empresas buscam profissionais com habilidades mais alinhadas às demandas contemporâneas, como conhecimento em softwares específicos, habilidades digitais, pensamento crítico, resolução de problemas e trabalho em equipe. O foco no desenvolvimento de competências relevantes para o ambiente de trabalho atual é essencial para acompanhar as transformações constantes do mercado e manter-se competitivo e atualizado profissionalmente.

Dessa forma, o profissional que hoje ingressa no mercado de trabalho precisa estar ciente da importância de se manter em constante aprendizado e evolução, investindo em habilidades que sejam valorizadas pelas empresas e que estejam alinhadas com as tendências do setor em que atua.

A busca por conhecimentos técnicos atuais e pertinentes, aliada a habilidades comportamentais e emocionais, torna-se fundamental para o sucesso e a progressão na carreira.

Em um cenário cada vez mais dinâmico e competitivo, os profissionais precisam estar dispostos a se adaptar, aprender novas habilidades e acompanhar as mudanças do mercado de trabalho para se manterem relevantes e atingirem o sucesso profissional.

O investimento no desenvolvimento constante do conhecimento técnico e na melhoria contínua das habilidades é essencial para acompanhar o ritmo acelerado das transformações tecnológicas e dos modelos de negócios.

As empresas valorizam cada vez mais profissionais versáteis, adaptáveis e com capacidade de se reinventar, demonstrando não apenas conhecimento técnico, mas também habilidades como criatividade, pensamento crítico e capacidade de inovação.

A história da datilografia como habilidade essencial no passado e obsoleta no presente é um lembrete poderoso da importância da adaptação e da evolução contínua no mercado de trabalho. Aqueles que se acomodam em suas habilidades técnicas e não investem em aprendizados novos correm o risco de se tornarem ultrapassados e menos competitivos em um cenário em constante transformação.

Por isso, é fundamental que os profissionais estejam abertos a adquirir novas competências, buscar formação contínua e se manter atualizados sobre as tendências e inovações em suas áreas de atuação. O investimento em educação e desenvolvimento pessoal se torna um diferencial cada vez mais relevante para os indivíduos que desejam manter-se competitivos e progredir em suas carreiras.

Além disso, as empresas também desempenham um papel fundamental ao promover um ambiente propício ao aprendizado contínuo e à inovação. Programas de capacitação, mentoria, coaching e desenvolvimento de liderança são essenciais para proporcionar aos colaboradores as ferramentas e oportunidades necessárias para crescer e se desenvolver profissionalmente.

A história da datilografia como habilidade superada no contexto atual ilustra a importância do aprendizado contínuo e da adaptação no mercado de trabalho. Aqueles que buscam constantemente se atualizar, aprimorar suas habilidades e nutrir uma mentalidade de crescimento têm maiores chances de se destacar, evoluir e prosperar em um ambiente profissional em constante mudança e evolução.

Muitos profissionais ainda inserem hoje em seus currículos, informações com suas qualificações em informática, mencionando uma lista de programas que vão de editores de texto a programas gráficos, sendo que, alguns deles são totalmente inaplicáveis à função pleiteada pelo profissional.

É preciso entender que saber usar um editor de texto ou elaborar uma planilha não é mais nenhum diferencial, pois se você vai exercer uma atividade administrativa, é pré-requisito que você saiba tudo isso, portanto não mencione uma lista de cursinhos que você fez, bastando apenas descrever que possui domínio em informática.

Utilizando esse mesmo exemplo, o que se tem observado em muitos profissionais, que até mesmo utilizam o computador por anos, é o que chamo de operador leigo de informática. O operador leigo de informática é aquele profissional que só sabe fazer o básico no seu computador, não compreendendo mais nada além disso.

Muitas vezes a pessoa que sequer tinha capacidade de apertar a tecla esc quando o computador parava em uma tela qualquer que não era a esperada pelo operador. Por isso incremente seu conhecimento técnico a fim de conhecer além do básico e a melhor maneira de fazer isso é o que "informaníacos" chamariam de "fuçar". Portanto, aprenda melhor sobre esse assunto a fim de conhecer melhor as tecnologias existentes.

Mas, o conhecimento não se restringe exclusivamente aos domínios da informática, pois envolve as áreas técnicas de atuação profissional.

Neste respeito, o conhecimento vem se desenvolvendo, e as habilidades técnicas necessárias para o profissional do mundo moderno vão bem além de se aprender simplesmente a operar uma máquina, pois ele passou a ter de aprender a programar a máquina.

Assim também, não basta que ele seja apenas um prático, pois ele deve conhecer os fundamentos técnicos do trabalho a ser realizado.

Falando ainda de conhecimento atualizado para o desempenho das suas funções na empresa, a mais difundida forma pra a obtenção do conhecimento hoje é a escola. Existe à disposição dos profissionais um vasto número de cursos superiores e técnicos, palestras, workshops e assim por diante.

Uma vez que a oferta de cursos é grande, os profissionais devem escolher criteriosamente o curso que farão. Existe hoje uma disponibilidade muito grande de palestras motivacionais, que são capazes de levantar a auto-estima dos profissionais, mas são pobres no que se refere a "conteúdo". Pessoalmente, não discrimino essa modalidade de palestras, mas entendo que os profissionais devem ter cuidado para não focar seu treinamento apenas nisso, para que não se tornem profissionais altamente motivados, sem, no entanto, qualificações técnicas essenciais.

Existem muitas empresas qualificadas no que tange a treinamento com programas altamente atualizados e aplicáveis às necessidades de mercado.

Assim, vamos destacar as principais opções disponíveis na busca do conhecimento do profissional de sucesso do mundo moderno.

CAPITAL HUMANO NO TRABALHO

4.1 Curso superior.

Estamos começando a falar diretamente em curso superior, uma vez que isso se tornou um pré-requisito para boa parte das vagas disponíveis no mercado de empregos. Hoje, grandes empresas estão exigindo para os profissionais de atendimento em centrais de telemarketing que possuam um diploma ou estejam cursando um nível superior. Isso demonstra que a cada dia, o diploma de curso superior está sendo o passaporte para seu currículo ser aceito na empresa, sem significar diretamente uma contratação.

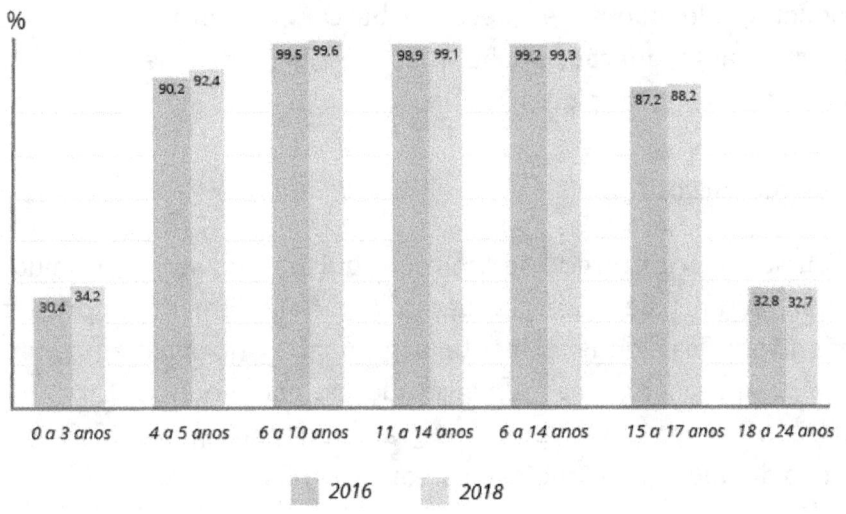

Fonte: IBGE, Pesquisa Nacional por Amostra de Domicílios Contínua 2016/2018.

Figura 40- Aceso ao ensino superior.

Há alguns anos, o diploma de curso técnico bastava, mas mesmo assim considero que para o menor de idade que está ingressando no mercado de trabalho, possuir uma formação de nível técnico, é altamente recomendável, mas sempre lembrando que o colégio técnico não substitui o curso superior.

Existem atualmente os cursos de ensino superior destinado à formação específica ou tecnológica, com duração de dois a três anos. Isso pode ser uma vantagem para o profissional, pois em vez de cursar quatro, cinco ou mais anos para obter uma visão abrangente sobre uma determinada profissão, ele pode ter uma formação mais focada e depois fazer uma pós-graduação, podendo assim, no mesmo tempo de uma graduação bacharelada possuir dois diplomas: um de graduação tecnológica ou sequencial e um de pós-graduação.

Essa modalidade de curso superior tem-se tornado uma febre em muitos países e tem sido muito bem aceita pelas empresas brasileiras, além de ser uma possibilidade de formação rápida para aqueles que precisam de um curso superior e já estão há anos no mercado de trabalho.

De qualquer modo não se esqueça de buscar sua formação profissional através de uma graduação, senão suas possibilidades de sucesso serão reduzidíssimas no mercado de trabalho.

4.2 Pós-graduação.

Como o curso superior tornou-se um pré-requisito, o que poderá ajudá-lo é possuir um diferencial é a pós-graduação. Isso é fundamental, por exemplo, em áreas específicas onde somente a graduação normalmente não traz diferencial, como advogados, administradores, entre outros. É muito mais fácil para um advogado que é pós-graduado conseguir um diferencial competitivo do que aquele que não cursou uma pós-graduação.

Além disso, os cursos de pós-graduação em geral são rápidos e não demandarão tanto esforço e tempo para conclusão, podendo ser realizado em apenas dois dias da semana ou nos finais de semana. A mesma aplicação aos cursos de pós-graduação se aplica também aos cursos de MBA – Master in Business Administration (Mestre em Administração de Negócios) que há alguns anos tornou-se uma febre entre os profissionais e as empresas, tomando conta de todo país.

Tratando-se de MBA, o que temos no Brasil é uma verdadeira salada de significados, mas dito de modo simples podemos dizer que existem hoje:

- MBA de Mestrado Executivo que segue o padrão norte-americano, que é uma pós-graduação com as mesmas exigências do mestrado acadêmico sendo que poucas universidades oferecem isso no Brasil;
- MBA Executivo na qual a maioria dos MBAs brasileiros pertencem a essa categoria, que dá ao aluno uma formação generalista sobre gestão empresarial e é destinado a profissionais com determinadas experiências profissionais;
- MBA, que não passa de cursos de especialização sem enfoque generalista e que se utilizam da sigla MBA, face ao forte apelo comercial que ela dá.

Não é nossa pretensão julgar as qualificações dos MBAs existentes, mas diante da enormidade de cursos oferecidos cabe ao profissional estar bem-informado sobre a qualificação do curso, bem como da instituição que o oferece.

Possuir no currículo um MBA pode ser um diferencial importante ao profissional, pois além do forte apelo curricular, ele dará uma bagagem de conhecimento diferenciado, uma vez que a principal característica do MBA é justamente o foco prático da aplicação do conhecimento, tendo um programa rico em estudos de casos e a sua aplicabilidade no ambiente real.

Diante disso, podemos concluir que a pós-graduação ou o MBA dá ao profissional uma vantagem competitiva, mas não é tudo, conforme veremos no próximo capítulo.

Apesar de falarmos de graduação e da obtenção de conhecimento através de cursos, treinamentos, palestras, entre outros, não podemos nos esquecer de mencionar a importância da leitura para o aprimoramento profissional.

Cabe salientar sobre os critérios de escolha de títulos para leitura, diante da vasta disponibilidade existente, torna difícil a tomada de decisão sobre qual deles adquirir. Portanto é importante que o profissional também seja criterioso, uma vez, que a disponibilidade de livros de pouco proveito é grande. Você poderá observar o título do livro, prestando atenção ao seu conteúdo e analisar se ele é indicado às suas necessidades. Em diversas áreas de atuação, senão em todas, existem os autores normalmente qualificados como "gurus" do tema, que representam os livros de "leitura obrigatória".

Por fim, complemente também seu conhecimento com a leitura de publicações especializadas, jornais, revistas e outros assuntos de interesse pessoal fora do contexto técnico, pois não basta ter apenas o conhecimento técnico, sem também conhecer outros assuntos, normalmente não relacionados com o aspecto profissional. O quadrante abaixo demonstra como pode ser o desenvolvimento do conhecimento profissional.

CONHECIMENTO TÉCNICO →	Alto nível de conhecimento técnico e baixo de conhecimento de assuntos gerais (DESEJAVEL)	Alto nível de conhecimento técnico e assuntos gerais (ALTAMENTE DESEJAVEL)
	Baixo nível de conhecimento técnico e de conhecimento de assuntos gerais (INDESEJAVEL)	Alto nível de conhecimento de assuntos gerais e baixo de conhecimento técnico (DESEJAVEL)
	CONHECIMENTO DE ASSUNTOS GERAIS →	

Figura 41 – Quadrante do conhecimento.

Conforme observado no quadrante acima, o profissional deve possuir um excelente nível de conhecimento técnico, mas não deverá desconsiderar a importância do conhecimento de assuntos gerais, que incluem as informações obtidas em outras leituras conforme já mencionado, bem como através de programas de televisão, viagens e assim por diante.

Outro fator preponderante na definição do conhecimento profissional que você deverá se dedicar é justamente o grau hierárquico que você está ou desejará estar na organização.

Para isso, vale a regra que quanto maior for o grau hierárquico, maior deverá ser o grau de visão do todo, ou seja, o nível de especialização do conhecimento será mais aplicável aos níveis hierárquicos menores enquanto os profissionais de níveis hierárquicos maiores necessitarão de conhecimentos mais generalistas ou conceitual do negócio.

Isso explica por que altos executivos muitas vezes trocam de organizações para segmentos totalmente diferentes aos anteriores e mesmo assim são bem-sucedidos, pois possuem uma visão sistêmica do negócio que pode ser aplicado a outros negócios de ramos distintos.

Figura 42 – Estrutura de níveis hierárquicos.

1. Baixo Nível Hierárquico.

Pessoal de produção, vendas e outros – Por tratar-se de baixo nível hierárquico, exige-se alto nível de conhecimento técnico das atividades desempenhadas normalmente voltadas apenas à função específica. Tais profissionais tendem a desconhecer totalmente os aspectos conceituais do negócio, mas possui um conhecimento voltado a execução de tarefas.

2. Médio Nível Hierárquico.

Supervisor – Bom nível de conhecimento técnico, mas com visão mais ampliada. Normalmente são profissionais que já exerceram funções de baixo nível hierárquico e possuem uma visão prática. Começa-se a partir deste pilar a ser valorizada habilidades em gestão de recursos humanos.

Gerência – Médio nível de conhecimento técnico nos processos de produção e médio nos aspectos de conceituação do negócio em que a empresa está. As habilidades em relação à gestão de recursos humanos deixam de ser desejáveis e passam a serem necessárias, uma vez que tais profissionais passam a estar diretamente ligados a equipes.

3. Alto Nível Hierárquico.

Diretores – Baixo nível de conhecimento técnico do processo de produção como um todo, médio nível de habilidades em recursos humanos, e alto nível conceitual do negócio. Esses são os profissionais que entendem do negócio em que estão incluindo os fatores ambientais externos que influenciam direta ou indiretamente a empresa, mesmo que desconheçam muitas vezes detalhes de como as tarefas são desempenhadas.

O modelo demonstra claramente que ao galgar níveis intermediários de gerência e supervisão, você deverá possuir habilidades em recursos humanos que o habilitem a lidar com as pessoas enquanto na medida que alcançar níveis de diretoria você deverá também possuir conhecimento conceitual do negócio.

Mas não se esqueça que a responsabilidade pelo desenvolvimento profissional cabe principalmente a você, tendo assim que buscar continuamente o autodesenvolvimento.

4.3   O profissional desejado pelas empresas é um empreendedor?

Os dias do funcionário que se comporta como funcionário pode estar com os dias contados. A visão tradicionalista de empregador e empregado, chefe e subordinado estão caminhando para o desuso.

CAPITAL HUMANO NO TRABALHO

As empresas com visão moderna estão encarando seus funcionários como colaboradores ou parceiros e implementando a visão empreendedora. Isso significa que os empresários perceberam que dar aos funcionários a possibilidade de ganhar mais do que simplesmente o salário mensal fixo, tem sido um bom negócio, pois faz com que o profissional dê maiores contribuições à organização, garantindo assim o comprometimento da equipe na busca de resultados positivos.

A prática de recompensar as pessoas pelo seu trabalho existe desde os primórdios do sistema capitalista de produção, mas foi a partir da Primeira Guerra Mundial que se passou a estabelecer padrão de recompensas. Já em nossos dias a remuneração variável está na maioria das vezes atrelada à performance e o desempenho do profissional face aos resultados apresentados às suas respectivas organizações.

Além de tudo isso, pode-se dizer que o maior diferencial competitivo das organizações não são as máquinas, os equipamentos ou a tecnologia empregada, e sim as pessoas.

Podemos estudar os maiores cases de sucesso empresarial e vamos confirmar isso. Mas gostaria apenas de usar o exemplo de uma das mais destacadas empresas do mundo que é a Starbucks, que conseguiu diferenciar uma commodity, o café, e tornou-se a maior e mais lucrativa empresa varejista de café do mundo.

Ela conseguiu isso não através de altos investimentos em marketing, pois estes eram bem menores em comparação as empresas de porte semelhante, mas por investir nas pessoas, tornando-as empreendedoras ao oferecer opções de participação nos lucros e até mesmo participações societárias aos empregados.

Os resultados são altamente compensatórios para a empresa, pois ela consegue criar um vínculo emocional com as pessoas que trabalham lá e em consequência disso, elas passam a colaborar com ideias inovadoras para a empresa. A Starbucks, empresa americana famosa por seus cafés, leva tão a sério tudo isso que as pessoas que lá trabalham, desde 1991 não são mais chamadas de funcionários e sim de "sócios".

Apesar dessas políticas de recursos humanos serem um contrassenso no mundo dos negócios para a maioria das empresas, a tendência é que as empresas bem-sucedidas serão aquelas cujo seus colaboradores possuam esse perfil empreendedor, estando efetivamente comprometido com a empresa. Por isso podemos entender que nas empresas existem duas espécies de funcionários: Os que participam da empresa (são engajados) e os que frequentam a empresa (apenas se comprometem).

Do mesmo modo, empresas como os Correios não conseguiriam os resultados que alcançaram em transporte de encomendas, somente com uma excelente logística sem o comprometimento das pessoas que lá estão. E os exemplos se multiplicam.

Bem, mas o que tudo isso tem de significado para você profissional?

Isso significa que para tornar-se um profissional de sucesso, é necessário que você seja e aja como um empreendedor. Aqueles que já foram empresários sabem que as atividades empreendedoras não são nem um pouco fáceis. O empreendedor sabe que, para ter sucesso, terá que administrar sua empresa de forma racional.

Os empregados que representam os seus respectivos papéis na empresa devem temperar o desempenho das suas funções com o perfil empreendedor, contribuindo para melhorias na empresa.

Isso significa conhecer o mais profundamente possível as estratégias, os objetivos, a visão e a missão da empresa.

Significa estar sintonizado com os interesses da empresa, demonstrando interesse pessoal e apresentando contribuições para a empresa. Torne-se um consultor e assessor da sua área e suas chances de sucesso serão notavelmente maiores.

As boas empresas valorizam os profissionais que se comprometem com o negócio, enquanto os "frequentadores" são os primeiros a serem substituídos.

Mas o que dizer se a sua empresa não possibilita essa participação? Bem, neste caso, tenha certeza de que o problema está na empresa e não em você, e dificilmente ela sobreviverá diante de todos os desafios empresariais existentes no mundo moderno.

As empresas de sucesso sabem que um dos principais fatores para o sucesso é a valorização das pessoas, pois são elas que desempenham o papel principal na fidelização do cliente.

4.4   Uma network também influencia no seu conhecimento.

Construir uma rede de relacionamento networking tem se tornado uma ferramenta primordial aos profissionais na atualidade.

Mas não pense que construir uma rede de relacionamento significa ficar para cima ou para baixo distribuindo cartões a esmo, ainda que a troca de cartões, em papel ou digital, seja um fator importante para se elaborar um banco de dados de profissionais, como você.

Construir uma rede de networking envolve muito mais do que isso, pois envolve granjear o respeito de outros profissionais e oferecer-lhes algo em troca ao invés de apenas aproveitar-se dos contatos.

Apesar dos benefícios, o que tenho notado é que as pessoas dão muito pouco valor a isto, como se, ser bem-sucedido profissionalmente fosse algo semelhante a uma corrida onde só existe um corredor – você – quando na realidade não é assim.

Figura 43 – Uma boa network pode fazer toda a diferença.

No mundo dos negócios profissionais, temos de construir relacionamentos com nossos pares, subordinados, superiores e até com pessoas totalmente desvinculadas a sua atual carreira profissional, mas que podem de uma maneira ou de outra lhe indicar.

A recolocação no mercado de trabalho trará oportunidades maiores, se você possuir uma boa rede de relacionamento. A rede de relacionamento funciona basicamente como um fator de indicação do profissional para projetos, oportunidades de ascensão e novos empregos.

No mercado de trabalho atual, o fator "QI" (Quem Indica) tem se tornado uma prática cada vez mais comum e relevante para a contratação de profissionais em empresas de diferentes tamanhos e segmentos.

A influência do networking e das recomendações pessoais na legitimação de uma contratação é uma tendência que está crescendo à medida que as organizações buscam profissionais qualificados e que sejam adequados ao ambiente de trabalho e às demandas da empresa.

CAPITAL HUMANO NO TRABALHO

O "QI" é um elemento que vai além das habilidades técnicas e do currículo do candidato, ele envolve a percepção de outras pessoas em relação às competências, valores e comportamento do profissional em questão.

Muitas vezes, as indicações feitas por colegas, gestores, parceiros de negócios ou mentores podem ser consideradas como um aval importante da capacidade e idoneidade do candidato, facilitando o processo de contratação e aumentando a confiança da empresa na escolha do novo colaborador.

Para as grandes empresas, o fator "QI" pode representar uma forma eficaz de filtrar o grande volume de candidatos que se candidatam às vagas, permitindo que os recrutadores confiem em referências pessoais para encontrar talentos que se destaquem em meio à concorrência. Além disso, as recomendações de profissionais internos ou externos à empresa podem proporcionar um melhor ajuste cultural e uma integração mais suave do novo colaborador à equipe.

Nas pequenas empresas, onde a proximidade e o relacionamento interpessoal podem ser ainda mais valorizados, o fator "QI" ganha ainda mais relevância. A confiança entre os membros da equipe e a rede de contatos do empresário ou gestor podem ser determinantes na contratação de novos talentos que se encaixem na cultura e nas necessidades da empresa.

Porém, embora o fator "QI" possa ser uma prática comum e eficaz no mercado de trabalho, é importante ressaltar que a competência técnica e as habilidades do profissional não devem ser desconsideradas. A recomendação de um networking forte pode abrir portas e facilitar o processo seletivo, mas não substitui a importância da avaliação objetiva das competências e experiências do candidato.

É essencial que as empresas adotem práticas de recrutamento transparentes e justas, garantindo que as contratações sejam baseadas no mérito e na adequação do profissional às exigências do cargo.

O fator "QI" pode ser uma maneira valiosa de obter informações adicionais sobre o candidato e de validar suas qualificações, mas deve ser utilizado como um complemento, e não como o único critério de seleção. É fundamental que as empresas realizem uma avaliação criteriosa de todos os candidatos, levando em consideração não apenas as indicações, mas também os conhecimentos, habilidades e atitudes necessárias para o desempenho eficaz das funções.

Além disso, as organizações devem buscar promover a diversidade e a inclusão no processo de recrutamento, garantindo oportunidades iguais para todos os candidatos, independentemente de indicações ou recomendações pessoais. A busca por talentos diversos e qualificados enriquece a equipe, promove a inovação e contribui para um ambiente de trabalho mais colaborativo e dinâmico.

Assim, enquanto o fator "QI" pode ser um facilitador na contratação de profissionais, é essencial que as empresas valorizem a imparcialidade, a transparência e a meritocracia em seus processos seletivos. Ao equilibrar a influência das recomendações pessoais com a avaliação objetiva das competências, as organizações podem garantir contratações mais assertivas, colaboradores engajados e um ambiente de trabalho mais produtivo e inclusivo.

Para que o networking realmente tenha o efeito desejado, é importante que sejam conhecidos alguns pontos essenciais que iremos abordar a seguir:

- SELETIVIDADE. Procure cultivar seu networking com pessoas que realmente possam vir a contribuir com você. Isso é importante, pois algumas pessoas, quer por motivos sociais, hierárquicos ou outros motivos, não poderão contribuir com absolutamente nada em sentido profissional. Por isso o mais benéfico é manter relacionamentos seletivos e de preferência com gerentes, supervisores, diretores, profissionais de recursos humanos e outros profissionais que tenham peso numa indicação, seja ela qual for.
- INFORMAÇÃO. Mantenha seu networking bem-informado sobre seu crescimento profissional. Quando as pessoas estão familiarizadas com a sua qualificação profissional e acompanham todas suas conquistas profissionais, sentirão motivadas a indicar-lhe para fazer parte do quadro profissional da empresa em que trabalham. Isto ocorre devido o fato de que caso a sua contratação seja benéfico para a empresa a

pessoa que lhe indicou será prestigiada. Existe sempre o medo de indicarmos uma pessoa e essa pessoa não corresponder às expectativas que apresentamos a empresa indicada. Desta maneira, quando seus contatos conhecerem melhor sua qualificação profissional isto propiciará maior segurança para suas indicações.

- RELACIONAMENTO. Tenha um bom relacionamento com outros profissionais. Ninguém indicaria alguém que só traz problemas por onde passa. Conforme já dissemos as empresas procuram por profissionais que saibam se relacionar com outros profissionais. Por esse motivo, quanto melhor você for neste aspecto, tanto mais as pessoas serão atraídas para se aproximar de você. E isto será um diferencial para possíveis indicações. Basta analisar o seguinte fato. se você tivesse de indicar um bom profissional no aspecto técnico, mas com um perfil antiprofissional no aspecto pessoal, ou seja, um perfeito causador de problemas, você indicaria? Muito provavelmente não.
- ATITUDE. Nunca menospreze a empresa de outro profissional. Se existe algo que mancha a imagem, é o mau hábito de falarmos de forma depreciativa a respeito da empresa de outro profissional. É claro que algumas empresas, até mesmo os próprios funcionários que trabalham nela falam mal, mas quando você fala mal da empresa do seu networking, este irá entender, que é para nunca o convidar para trabalhar lá. Portanto em muitos casos é mais prudente ficar calado do que se envolver em tais conversas.

Caso você seja empresário ou profissional liberal o networking é igualmente importante de ser cultivado. Muitos negócios podem surgir através de uma simples troca de cartões. Num dia qualquer, um desses contatos pode lhe procurar simplesmente porque tinha um cartão seu.

A rede de relacionamentos terá muito mais sucesso se for uma via de mão-dupla. Temos de contribuir positivamente com outros, para dispormos de uma contribuição quando necessário. Por isso, podemos afirmar que criar relacionamentos não significa apenas tirar proveito dos contatos quando precisar, mas sim contribuir gradativamente para esses relacionamentos objetivando o futuro.

CAPITAL HUMANO NO TRABALHO

"O verdadeiro diferencial competitivo de uma empresa está nas mãos e mentes dos seus colaboradores. O capital humano é a chave para impulsionar a produtividade, a criatividade e a inovação no local de trabalho."

Deloitte

5 CONHECIMENTO. O SEU CAPITAL HUMANO.

O conhecimento é a capacidade humana de entender, apreender e compreender as coisas, além disso ele pode ser aplicado, criando e experimentando o novo.

O conhecimento é a capacidade humana de apreender algo. A partir do que for apreendido, pode-se criar, como fazem as ciências e as artes.

5.1 Significado de conhecimento

A palavra conhecimento tem origem no latim, da palavra cognoscere, que significa "ato de conhecer". Conhecer, no latim, também advém do mesmo radical "gno", presente na língua latina e no grego antigo, da palavra "gnose", que significa conhecimento, ou "gnóstico", que é aquele que conhece.

Figura 44 – Conhecimento.

Conhecer é o ato de apreender, de ser capaz de abstrair leis do entendimento e entender algo. Conhecimento é o atributo de quem conhece, isto é, é aquilo que resulta do ato de conhecer, entender etc.

O conhecimento é formado por 3 elementos básicos:

1. O sujeito (ou cognoscente): a pessoa capaz de obter o conhecimento.

2. O objeto (ou cognoscível): o quê ou aquilo que se pode conhecer.

3. A representação: que é o entendimento do objeto pelo sujeito.

Para você entender de uma forma prática, estes elementos funcionam da seguinte maneira: você é o sujeito, este texto que você está lendo é o objeto e a representação é o que você está entendendo dele.

Há também duas teorias principais que explicam a origem do conhecimento, ou seja, como ele surge:

1. Empirismo: explica que o conhecimento é adquirido a partir da experiência, do contato do sujeito com o mundo.

2. Racionalismo: explica que todo conhecimento vem através da razão, do simples ato de pensar.

O conhecimento é possível apenas ao ser humano. Os animais, por outro lado, desenvolvem mecanismos de aprendizagem por meio da experiência prática e da repetição de experiências, porém o conhecimento complexo, efetivo e racional somente é apreendido por nós.

Isso ocorre porque o conhecimento bem estruturado que desenvolvemos só pode ser elaborado, organizado, codificado e decodificado pela linguagem e por nossos mecanismos racionais (linguagem e raciocínio são elementos necessariamente interligados, sendo impossível determinar qual tenha surgido primeiro no ser humano, visto que há uma interdependência entre ambos).

5.2 Quais os tipos de conhecimento

Desde que a linguagem foi desenvolvida, o ser humano busca mecanismos para conhecer e estabelecer relações entre o mundo e as suas experiências com ele, tentando desmistificar e entender a complexidade da existência. Por isso, desenvolvemos, ao longo de mais ou menos dez milênios, variadas formas de entender o mundo, o que atesta a existência de diversos tipos diferentes de conhecimento.

5.2.1 Conhecimento de senso comum

É um dos tipos mais abrangentes do conhecimento humano, pois está baseado nas vivências particulares e sociais, partilhadas por meio de trocas de experiências e das relações hereditárias. O conhecimento de senso comum parte da sabedoria popular e da manifestação de opiniões, podendo ter um valor e uma importância por estar intimamente ligado à formação cultural.

O conhecimento de senso comum também pode manifestar crenças e opiniões verdadeiras, porém é necessário ter cuidado com esse tipo de conhecimento quando se quer algo para se embasar e afirmar com certeza, pois o conhecimento de senso comum não requer nenhum tipo de validação ou método que ateste o seu sentido lógico racional ou a sua veracidade.

5.2.2 Conhecimento teológico

Esse tipo de conhecimento também habita a sociedade e os modos particulares da vida humana, visto que o ser humano busca a religião desde o início para explicar aquilo que é, até o momento, inexplicável. Podemos estabelecer duas marcas dentro do registro acerca do conhecimento teológico.

Uma delas é a religião em si, que o ser humano busca como forma de conforto e explicação "sobrenatural", e a outra é o registro da Teologia, enquanto um ramo do saber científico que tenta criar uma estrutura de fatos e elementos que compõem as religiões. O conhecimento teológico, enquanto religião em si, está baseado na fé pessoal que as pessoas manifestam e em elementos da própria religião, com escrituras, práticas, rituais, dogmas, crenças etc.

5.2.3 Conhecimento filosófico

A Filosofia surgiu como um conjunto de saberes necessários para questionar e, às vezes, complementar o conhecimento fornecido pelo senso comum e pela religião. A Filosofia é uma forma de estabelecer normas para a obtenção de um tipo de conhecimento mais seguro, assim como a ciência, mas não podemos dizer que o conhecimento científico acontece da mesma forma que o conhecimento filosófico. A Filosofia, nesse sentido, é a mãe de todas as ciências, pois ela foi a primeira a buscar uma maneira de conhecer as coisas com mais segurança.

5.2.4 Conhecimento científico

Esse tipo, por sua vez, deve ser rigorosamente testado e verificado, o que garante a ele maior veracidade. Isso faz com que busquemos a ciência para determinar formas válidas e corretas de pensamento, para que não caiamos no erro com facilidade.

A atividade do cientista, especialmente daqueles que se dedicam às ciências naturais, é fundamental para o avanço do conhecimento e da compreensão do mundo que nos cerca.

A observação atenta dos fenômenos naturais, a identificação de padrões e discrepâncias, a formulação de hipóteses e a realização de experimentos para testar essas hipóteses são etapas essenciais no processo de investigação científica.

Ao observar e analisar os fenômenos da natureza, os cientistas buscam compreender as leis e princípios que regem o funcionamento do universo, desde os processos físicos e químicos até os fenômenos biológicos e ambientais.

A partir da identificação de problemas e lacunas no conhecimento existente, os cientistas formulam hipóteses que buscam explicar os fenômenos observados e prever resultados futuros.

A fase de testes experimentais é crucial para validar ou refutar as hipóteses formuladas. Os experimentos controlados e sistemáticos permitem aos cientistas coletar dados, analisar resultados e avaliar a validade das suas teorias. A precisão e a reprodutibilidade dos experimentos são essenciais para garantir a confiabilidade dos resultados e a construção de um conhecimento sólido e fundamentado.

Com base nos resultados obtidos, os cientistas são capazes de formular deduções lógicas e tirar conclusões sobre os fenômenos observados. A partir dessas conclusões, é possível avançar na construção de teorias e modelos explicativos que representam de forma abrangente e coerente as leis e princípios que regem o mundo natural.

Assim, é por meio do rigoroso método científico, que envolve a observação, experimentação, formulação de hipóteses, testes e deduções, que os cientistas ampliam o conhecimento humano, expandem as fronteiras do saber e contribuem para o progresso da humanidade.

A ciência é um processo contínuo de investigação e descoberta, que nos permite desvendar os mistérios da natureza, desenvolver novas tecnologias e buscar soluções para os desafios e problemas que enfrentamos como sociedade.

A atividade científica é caracterizada pelo questionamento constante, pela busca incessante pela verdade e pela inovação. Os cientistas estão sempre em busca de respostas para os enigmas do universo, desafiando conceitos estabelecidos, propondo novas abordagens e reformulando teorias à luz de novas descobertas.

Além disso, a ciência não se limita apenas à descoberta de fatos e leis naturais, mas também desempenha um papel crucial na nossa compreensão do mundo e na melhoria da qualidade de vida. Através da investigação científica, somos capazes de desenvolver novas tecnologias, encontrar soluções para problemas complexos e promover avanços em diversas áreas, como a medicina, a ecologia, a engenharia e a informática.

No entanto, é importante ressaltar que a prática científica deve ser pautada por valores éticos, transparência e responsabilidade. A replicabilidade dos experimentos, a honestidade na coleta e interpretação dos dados e a divulgação imparcial dos resultados são fundamentais para a credibilidade e confiabilidade da ciência como um todo.

Portanto, a tarefa do cientista vai muito além da simples investigação de fenômenos naturais; ela envolve o compromisso com a busca do conhecimento, a promoção do pensamento crítico e a contribuição para o avanço da sociedade como um todo. É por meio da dedicação e do rigor científico que podemos expandir nossos horizontes, resolver desafios complexos e construir um futuro mais promissor e sustentável para todos.

5.2.5 Conhecimento para a Filosofia

A Filosofia lida, desde o seu surgimento, com a questão do conhecimento, visto que ela surge para apresentar uma nova forma de conhecer o mundo. Ao longo de sua história, os filósofos apresentaram diferentes teorias sobre o modo como o ser humano conhece e as formas de se conhecer.

Se levarmos em consideração o conhecimento na Antiguidade, Platão admite a existência de apenas dois graus do conhecimento: o sensível e o inteligível. O sensível, causado por dados oriundos dos sentidos do corpo, era inferior e enganoso, enquanto o inteligível era racional e superior.

Já Aristóteles estabelece uma mistura de vários graus diferentes do conhecimento que deve passar, necessariamente, pelo conhecimento sensível para que desperte na pessoa uma informação. As teorias desses dois pensadores influenciaram todo o debate sobre o conhecimento sustentado por filósofos posteriores.

As formas de se conhecer deram origem ao campo da Filosofia chamado Epistemologia, que fórmula as bases da teoria do conhecimento. Outra área que surge é a Filosofia da Ciência, que busca problematizar a questão do método e do conhecimento científico, proporcionando avanços para utilização da própria ciência.

Se considerarmos as questões históricas dentro da Filosofia da Ciência, temos o momento, na Modernidade, em que Galileu Galilei, pela primeira vez, dedicou-se a explicar a necessidade de se atingir um método para alcançar um conhecimento científico.

Porém, o embate acerca do conhecimento que mais marcou a Modernidade foi a querela entre empiristas e racionalistas. Os empiristas defendiam que o conhecimento é obtido apenas mediante a experiência prática e sensível, que por meio dos dados obtidos pelos órgãos dos sentidos e enviados ao cérebro produzem as ideias.

Os principais empiristas que estão defendendo a experiência como modo de acessar o conhecimento verdadeiro são John Locke e David Hume.

Figura 45 - John Locke é uma importante figura do empirismo moderno.

Já os racionalistas defendiam que a origem do conhecimento é puramente racional e intelectual, não sendo necessariamente afetada pelo meio externo. René Descartes, por sua vez, é um filósofo racionalista que defende que o conhecimento verdadeiro é única e exclusivamente obra de nossos raciocínios, e que devemos desconfiar de qualquer tipo de conhecimento advindo dos sentidos do corpo, pois estes, segundo Descartes, poderiam nos enganar.

Paul Feyerabend, filósofo da ciência do século XX, ao contrário da tradição anterior, dedicou-se a defender uma ciência anarquista, livre de métodos e regras fixas, mais aberta para a pluralidade e criatividade. Em seu livro A ciência em uma sociedade livre, o pensador contemporâneo fala da importância de se libertar o trabalho científico de métodos e amarras, o que gerou críticas e um intenso debate no campo da Filosofia da Ciência e da própria ciência.

O também filósofo e estudioso de Epistemologia contemporâneo Thomas Kuhn foi um intenso crítico do trabalho de Feyerabend, pois acreditava que o essencial da ciência era a confiabilidade de seu método.

Friedrich Nietzsche fundou uma nova vertente epistemológica que ele chamou de perspectivismo, que defende a não possibilidade da pretensão positivista de basear o conhecimento, sobretudo nas Ciências Sociais e na História, em fatos, pois o que acontece é narrado a partir de perspectivas.

O livro publicado em 1874, intitulado da Utilidade e Desvantagem da História para a Vida (o segundo livro que o filósofo lançou em uma série de quatro escritos intitulada Considerações extemporâneas) centraliza a crítica de Nietzsche sobre o conhecimento histórico feito até então, baseado na busca por fatos, mas sem se dar conta de que um fato pode ter a versão ou a interpretação de uma ou mais pessoas que vivenciaram um acontecimento.

5.2.6 Fé.

Parece que hoje em dia impera um certo senso comum entre nós de que fé e conhecimento são coisas opostas, mutuamente excludentes como luz e escuridão – se você tem conhecimento você não tem fé, e vice-versa.

Há, no entanto, para contrariar essa noção, uma afirmação muito contundente na Bhagavad-Gita acerca da relação entre esses dois princípios: "shraddhavan labhate jñanam – aquele que tem fé ganha conhecimento." De acordo com Krishna, o autor dessa afirmação, conhecimento e fé não só não são opostos como mantêm entre si uma relação muito peculiar de dependência: fé é condição sine qua non do conhecimento. Vamos entender o que isso significa.

Em primeiro lugar, o que é conhecimento? Parece-me que é algo cuja força de evidência acaba com quaisquer dúvidas ou desconfianças com relação àquilo que está se mostrando com tanta clareza, e faz com que possamos relaxar e prosseguir com o que quer que estejamos fazendo sem pensar mais naquilo.

Agora mesmo enquanto escrevo este texto há uma enormidade de conhecimentos envolvidos nessa ação, um dos mais essenciais deles sendo o de que as palavras estão sendo realmente escritas no processador de textos, o que me permite relaxar e apenas escrever. E o que é que me concede a certeza de que de fato as palavras estão sendo escritas? São os meus olhos, com os quais tenho uma relação de plena confiança, fé.

Eu dou aos meus olhos o status de serem meios válidos de conhecimento com relação à forma e cor das coisas. E a única coisa que faz com que eu dê aos olhos esse status é a minha boa fé.

Não é nenhum outro órgão de percepção que valida ou prova a autoridade dos meus olhos. Se eu mostrasse a vocês um objeto preto e perguntasse de que cor é o objeto vocês me responderiam corretamente: preto. E se em seguida eu pedisse para vocês me provarem que o objeto é preto, o que vocês fariam? Como vocês provariam?

Está claro que nenhum órgão dos sentidos fora os olhos pode dizer qualquer coisa sobre a cor, e tampouco a lógica pode fazê-lo. Que raciocínio você poderia desenvolver para provar ou negar o fato visto de que o objeto é preto? Nenhum, porque cor é assunto do olho apenas, e o olho é a prova única e suficiente para cores.

Tendo a fé de que meus olhos são meios válidos de conhecimento eu posso interagir com o mundo razoavelmente bem. E se eu não tivesse essa fé, o que seria de mim? Há muitas pessoas no mundo com um transtorno de fé chamado Transtorno Obsessivo-Compulsivo, TOC.

Existem muitos graus de manifestação desse transtorno, e nos mais sérios a pessoa fica, por exemplo, lavando as mãos por horas, acreditando que elas estejam sujas ainda que seus olhos e narinas lhe mostrem que elas estão limpas e perfumadas.

Nesses casos, existe uma condição para o alcance do conhecimento que não está sendo cumprida, e que não tem nada ver com os meios de conhecimento envolvidos, pois os olhos da pessoa com o transtorno descrito estão funcionando perfeitamente bem.

A condição faltante é a fé, shraddha, sem a qual o conhecimento não ocorre. Ou alguém estaria disposto a dizer que aquela pessoa sabe que suas mãos estão limpas? Não sabe, pois se soubesse fecharia a torneira. É tudo que ela quer.

Ao autoconhecimento, sendo apenas um tipo particular de conhecimento, se aplica a mesma necessidade: é necessária fé no meio de conhecimento que o produz.

E qual o meio de conhecimento que o produz? Chama-se Veda, ou, mais precisamente, Vedanta. Sem a fé de que as palavras de Vedanta são um meio válido de conhecimento não é possível obter o conhecimento que elas pretendem revelar.

Sem fé é possível obter a informação do que as palavras estão dizendo, e é possível até mesmo tornar-se um especialista em Vedanta que dá palestras pelo mundo todo.

Mas essa pessoa falará sobre o assunto da seguinte maneira: "Segundo Advaita Vedanta, o eu (atma) é o todo (Brahman)". E da mesma maneira ela falará, por exemplo, que segundo Vishishta Advaita Vedanta o eu é apenas uma parte do todo, e assim por diante.

Vedanta torna-se assim, por pura e simples falta de shraddha, apenas mais uma teoria, um sistema, e não um meio de conhecimento. Todos nós com algum tempo de envolvimento com Vedanta conhecemos alguém – geralmente do meio acadêmico – que estuda o tema há décadas e provavelmente sabe mais das minúcias do assunto do que nós mesmos, e, no entanto, não consegue afirmar com convicção que ele já é livre, o que, ironicamente, é tudo o que ela queria. A semelhança dessa pessoa com a que sofre de TOC não é mera coincidência: ambas sofrem da mesma falta de fé.

Para essa pessoa, não adianta o estudo de mais textos; ela precisa da qualificação prévia para o estudo dos textos, chamada fé, shraddha. Em um famoso texto da tradição chamado Vivekachudamani de Shankaracharya há, na seção que fala da qualificação do estudante, uma definição muito bonita de fé que corrobora o que viemos dizendo até aqui:

> *"shastrasya guru-vakyasya satya-buddhi-avadharana sa shraddha kathita sadbhih yaya vastu-upalabhyate – a convicção de que as palavras do guru e da escritura são verdadeiras é chamada fé pelo sábio, por meio da qual a verdade é compreendida."*

A definição é bastante ousada: yaya vastu-upalabhyate significa que a obtenção do conhecimento se dá por causa da presença de shraddha, e sem ela não há possibilidade de conhecimento. Isso significa que, no caso de Vedanta, a atitude acadêmica de "convença-me" nascida da "neutralidade" esperada de um cientista impede que o conhecimento se estabeleça, deixando o acadêmico apenas com a cabeça cheia e a língua afiada.

E o interessante aqui é notar que a dita neutralidade acadêmica, que supostamente impede o acadêmico de estar previamente comprometido, é apenas uma farsa, pois ser "neutro" é apenas uma maneira peculiar de já estar comprometido. E é por isso que mumukshutva, o comprometimento com a liberação é outra qualificação prévia exigida para o estudo de Vedanta.

Pois qualquer outro comprometimento impedirá a fé necessária para que o conhecimento aconteça e cumpra o seu propósito de fazer a pessoa fechar a torneira – interromper a sua incessante busca por felicidade ou completude.

5.3 A vida é uma escola.

Há quem afirme que a Vida é uma escola. Passamos por ela sempre aprendendo algo que aumente nosso conhecimento e nossa sabedoria.

Mas temos consciência de como este processo ocorre?

Em seu livro *Metamanagement* (Antakarana Cultura Arte Ciência Ltda – SP), Fredy Kofman ensina, de forma sucinta, porém completa e profunda, como ocorre nosso aprendizado, e cujo resumo descrevo a seguir.

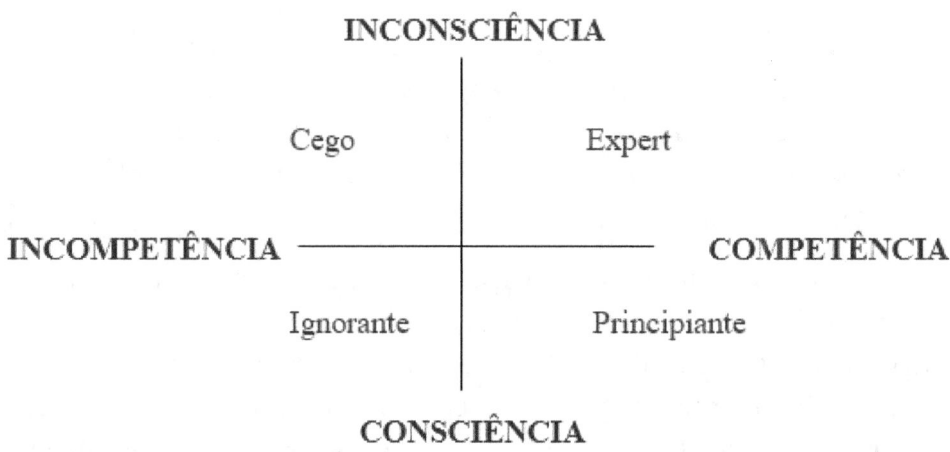

Figura 46 - O processo de aprendizado.

Inicialmente ele traça dois eixos: um vertical (Inconsciência – Consciência) e outro horizontal (Incompetência – Competência), que se cruzam formando quatro quadrantes que deverão ser percorridos no sentido anti-horário.

No quadrante superior esquerdo está o "cego". É aquele que, além de não saber fazer, sequer sabe que não sabe. É incapaz de realizar um trabalho ou tarefa determinada. É incompetente e inconsciente. Geralmente frustra e exaspera todos aqueles que precisam lidar com ele.

Ao se tornar consciente, o "cego" vira um "ignorante", ou seja, enquanto o primeiro não sabe que não sabe, o segundo tem consciência de sua incompetência.

Neste ponto, o "ignorante" pode tomar três caminhos:

1. Transformar-se em um "ausente" e ignorar (abandonar) seu campo de ação. Isto significa que, consciente de sua incompetência, contratará uma pessoa para a realização da tarefa e se manterá à margem dela. O "ausente" não gera competência, mas evita a persistência de erros:
2. Transformar-se em um "cretino", ou seja, mantém-se no campo de ação, sabendo que não sabe, mas fingindo saber. Consciente de sua própria incapacidade, insiste em não pedir ajuda a um "expert";
3. Transformar-se em um "principiante", ou seja, comprometer-se com o aprendizado e com o aumento da efetividade. Está sempre disposto a aprender, o que gera compromisso de sua parte. O "principiante" identifica seu campo de ação e admite, sem sentir vergonha, que não consegue ser efetivo na realização da tarefa.

Ao "principiante" é necessário que se cumpram quatro passos os quais, se não cumpridos, não caracterizarão o "principiante", mas um "cretino" que aparenta ser um "principiante". São eles:

- Assumir a responsabilidade de aumentar sua competência;
- Reconhecer-se como "principiante" e permitir-se cometer erros;
- Buscar ajuda de um mestre ou *coach* e dar-lhe permissão e autoridade para ajudá-lo;
- Dedicar o tempo e os recursos necessários para praticar diligentemente o que está sendo aprendido, sempre sob a supervisão do mestre ou *coach*, em um espaço adequado para tal.

A partir daí, com seu aprendizado contínuo, o "principiante" torna-se um "expert", ou seja, torna-se conscientemente competente, hábil, sabendo o que tem que ser feito e, a partir de suas experiências, realizar aquilo que ele estima ser o melhor naquele momento. Ele alcança o quadrante superior direito do gráfico.

Parabéns!!! Mas..., isto é tudo?

Não, porque o "expert" pode se tornar um "incompetente especializado", aquele que, tendo alcançado a competência, ignora as mudanças que ocorrem no seu campo de ação. Não altera seu modo de agir, fica "parado no tempo" acabando por se tornar uma pessoa ineficaz. O "expert", se não tiver consciência das limitações de sua habilidade, logo, logo, se torna obsoleto.

Então, qual o caminho? Tornar-se um "mestre", a última etapa do aprendizado. É a fase em que se alcança uma idoneidade tal que lhe permite estabelecer novos padrões de excelência na realização de tarefas.

E qual o segredo?

Manter o espírito de "principiantes", abertos e atentos a novas possibilidades criativas que escapam ao "expert" em sua competência inconsciente. É ter sempre vontade de aprender. O "mestre" é um eterno aprendiz do conhecimento. Como Sócrates, este sim, um "mestre", afirmava: "Quanto mais eu sei, mais eu sei que nada sei".

Este é o roteiro que nos faz compreender por que alguns são mais competentes que outros e porque só uns poucos podem ser chamados de "mestres".

5.4   MITO DA CAVERNA.

Mito da Caverna ou Alegoria da Caverna é um diálogo platônico que alude à preponderância do conhecimento racional sobre o conhecimento vulgar.

O Mito da Caverna ou Alegoria da Caverna é uma história narrada por Platão em sua obra A República. Trata-se de um diálogo travado entre Glauco e Sócrates, em que este conta uma história a Glauco para falar-lhe sobre o conhecimento humano.

5.4.1 O que o Mito da Caverna diz?

Sócrates diz para Glauco imaginar uma espécie de caverna subterrânea em que homens vivessem como prisioneiros desde sempre. Essa caverna possui uma parede em que os prisioneiros foram acorrentados pelos braços, de modo a verem somente o que se passa na parede paralela.

Figura 47 - O Mito da Caverna, ou Alegoria da Caverna.

Atrás dos prisioneiros, existe uma chama acesa por qual as pessoas passam, gesticulam e movimentam objetos, de modo a projetarem suas sombras na parede que os prisioneiros conseguem ver.

Também falam e gritam, criando ecos que os prisioneiros podem ouvir. Sombras e ecos são projeções distorcidas das imagens e dos sons reais. Por viverem toda a sua vida ali, acorrentados, tudo que os prisioneiros sabem do mundo é o que eles vivenciaram.

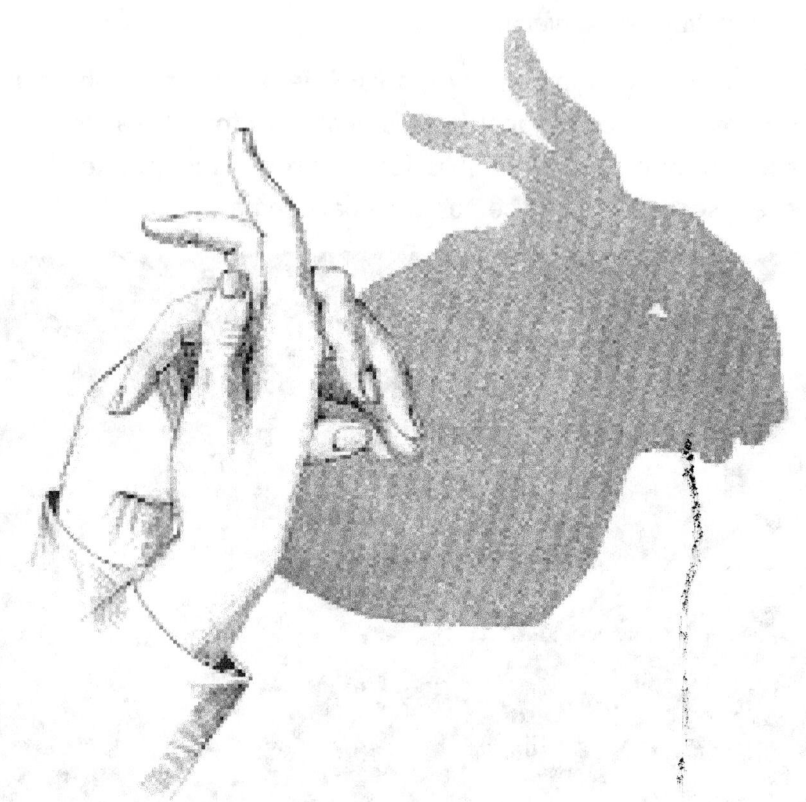

Figura 48 – Uma sombra na parede.

Sócrates fala para Glauco imaginar que um dia um prisioneiro foi liberto. Ele saiu da caverna, teve um primeiro contato com a luz solar que ofuscou a sua visão e gerou um grande incômodo. Porém, após acostumar-se com a luz, ele pôde observar toda a natureza e todo o vasto mundo que havia fora da caverna, muito maior do que ele julgava existir quando era um prisioneiro.

Em um primeiro impulso, o prisioneiro liberto poderia tentar retornar para a caverna e libertar os seus companheiros. Imaginando as possibilidades, ele poderia até ser morto por seus colegas, que o julgariam como louco.

Essa metáfora é utilizada por Platão para explicar a hierarquia dos conhecimentos e como essa hierarquia está relacionada à política da cidade.

Figura 49- Platão é um dos pensadores da Grécia Antiga.

5.4.2 Interpretação do Mito da Caverna

A Alegoria da Caverna é uma metáfora, ou como o próprio nome diz, uma alegoria. O que está escrito no texto não deve ser interpretado literalmente, pois Platão não quis apenas contar uma história sobre homens presos em uma caverna, mas quis passar uma mensagem com isso.

Inúmeros elementos metafóricos aparecem na alegoria. Os principais elementos estão dispostos abaixo:

- Prisioneiros: os prisioneiros da caverna somos nós mesmos, os cidadãos comuns.
- Caverna: é o nosso corpo, que segundo Platão, seria fonte de engano e dúvida, pois ele nos ilude na forma como apreendemos as aparências das coisas, nos fazendo acreditar que essas são as próprias coisas.
- Sombras e ecos: as sombras que os prisioneiros veem e os ecos que eles escutam são as opiniões e os preconceitos que trazemos do senso comum e da vida costumeira. Eles são, segundo Platão,

conhecimentos errados que adquirimos através dos sentidos de nosso corpo e da vida cotidiana.
- Sair da caverna: a libertação do prisioneiro e a sua fuga da caverna simboliza a busca pelo conhecimento verdadeiro.
- A luz do Sol: a luz solar no exterior da caverna simboliza o conhecimento verdadeiro, a razão e a filosofia. Quando o prisioneiro sai da caverna, ele sente-se perturbado pela luz intensa, elemento natural que ele nunca havia vivenciado. No início, há uma dificuldade de aceitação dessa luz pelas retinas, até que ele se adapta e percebe toda a realidade exterior. Metaforicamente, isso simboliza a zona de conforto que as sombras e a caverna representam, pois o engano da vida comum pode ser confortável, enquanto a verdade pode ser, ao menos, inicialmente, dolorosa e sacrificante. Sair da ignorância significa sair da zona de conforto.

5.4.3 Como o Mito da Caverna se encaixaria nos dias de hoje?

As pessoas têm muitas informações via televisão e internet, mas mantêm-se no nível apenas informativo, não buscando conhecer profundamente as coisas.

Podemos transpor os escritos platônicos para uma interpretação sociológica da humanidade do século XXI. A humanidade parece ter se acostumado com a ignorância de tal modo, que há uma recusa geral por uma busca da verdade.

As pessoas têm um oceano de informações por meio da mídia televisiva, da internet e das redes sociais, mas mantêm-se no nível meramente informativo, não buscando conhecer profundamente o mundo que habitam.

A política deixou de ser assunto de interesse da população. Quando a população parece interessar-se por política, o faz de modo superficial, sem buscar entender a essência daquilo que está em foco. As pessoas são levadas e enganadas facilmente por notícias falsas espalhadas na internet porque não se dão ao trabalho de investigar se aquilo que foi divulgado é real.

As pessoas acreditam nas manchetes sensacionalistas de veículos de informação que muitas vezes visam apenas a chamar a atenção do leitor/espectador, sem ler o conteúdo completo que a matéria traz.

Figura 50 – Muito acesso, pouco conhecimento.

A busca pelo prazer incessante, o hedonismo, a falsa ideia de felicidade e a vaidade são valores que as pessoas buscam passar pelas redes sociais, mas o conteúdo intelectual dessas pessoas, muitas vezes, é limitado a um patamar muito baixo.

O conhecimento, a verdade, o bem e a justiça deixaram de ser procurados pelas pessoas do século XXI, o que está, cada vez mais, soterrando a nossa sociedade na ignorância e fazendo de nós prisioneiros de nossa caverna, como os prisioneiros da alegoria platônica.

Como Sócrates supôs, quase no fim do diálogo com Glauco, o prisioneiro liberto poderia ser agredido ou até morto ao tentar resgatar os seus companheiros, que o julgariam como um louco, desvairado, por ir contra tudo aquilo que eles aprenderam como certo.

Em nossos dias, parece haver um movimento parecido, pois as mentes brilhantes, as pessoas que buscam o conhecimento profundo das causas, os cientistas, os filósofos, são cada vez mais contestados por pessoas sem nenhum conhecimento ou embasamento científico ou filosófico, que utilizam a opinião vulgar para subjugar o valor da ciência.

O predomínio da opinião rasa, do fanatismo religioso e dos extremismos tem dado lugar ao conhecimento obtido durante anos de evolução racional da humanidade. Estamos voltando, por vontade própria, para a caverna de Platão.

5.4.4 A República, o livro que contém o Mito da Caverna

A República é uma obra de Platão, dividida em dez livros, que tem como tema central a organização política da cidade. Considerada uma utopia política, Platão descreve as inúmeras questões que devem pautar a política, passando por temas como a estética e a teoria do conhecimento. O Mito da Caverna aparece no livro VII de A República.

Sócrates é o personagem principal da obra, construída em forma de diálogo. Ao longo do texto, aparecem interlocutores de Sócrates que têm uma função quase figurativa na narrativa platônica.

O intuito do livro VII é falar sobre o conhecimento, sobre a ideia de justiça (que é alcançada por alguém que possua conhecimento) e sobre a educação dos filósofos, que seriam, na teoria platônica, os únicos a alcançarem o conhecimento necessário para governar bem a cidade.

CAPITAL HUMANO NO TRABALHO

"Ao ver os funcionários como um ativo estratégico e investir em seu desenvolvimento, as organizações estão fortalecendo seu capital humano e aumentando a produtividade, a qualidade do trabalho e a satisfação dos colaboradores."

Society for Human Resource Management (SHRM)

---

6 FAKE NEWS OU COMO DESVALORIZAR A IMPORTÂNCIA DA EXPERIÊNCIA.

A divulgação de notícias falsas, conhecidas como fake news, pode interferir negativamente em vários setores da sociedade, como política, saúde e segurança.

Figura 51 - Notícias falsas são compartilhadas, principalmente, em redes sociais.

Apesar de parecer recente, o termo fake news, ou notícia falsa, em português, é mais antigo do que aparenta. Segundo o dicionário Merriam-Webster, essa expressão é usada desde o final do século XIX. O termo é em inglês, mas se tornou popular em todo o mundo para denominar informações falsas que são publicadas, principalmente, em redes sociais.

6.1 O que significa fake news?

Não é de hoje que mentiras são divulgadas como verdades, mas foi com o advento das redes sociais que esse tipo de publicação se popularizou. A imprensa internacional começou a usar com mais frequência o termo fake news durante a eleição de 2016 nos Estados Unidos, na qual Donald Trump tornou-se presidente. Fake news é um termo em inglês e é usado para referir-se a falsas informações divulgadas, principalmente, em redes sociais.

Na época em que Trump foi eleito, algumas empresas especializadas identificaram uma série de sites com conteúdo duvidoso. A maioria das notícias divulgadas por esses sites explorava conteúdos sensacionalistas, envolvendo, em alguns casos, personalidades importantes, como a adversária de Trump, Hillary Clinton.

6.2 Como funcionam as fake news?

Os motivos para que sejam criadas notícias falsas são diversos. Em alguns casos, os autores criam manchetes absurdas com o claro intuito de atrair acessos aos sites e, assim, faturar com a publicidade digital.

No entanto, além da finalidade puramente comercial, as fake news podem ser usadas apenas para criar boatos e reforçar um pensamento, por meio de mentiras e da disseminação de ódio. Dessa maneira, prejudicam-se pessoas comuns, celebridades, políticos e empresas.

É isso o que acontece, por exemplo, durante períodos eleitorais, nos quais empresas especializadas criam boatos, que são disseminados em grande escala na rede, alcançando milhões de usuários. O Departamento de Justiça Americano denunciou três agências russas, afirmando que elas teriam espalhado informações falsas na internet e influenciarem as eleições norte-americanas de 2016.

Existem grupos específicos que trabalham espalhando boatos. No entanto, não é fácil encontrar as empresas que atuam nesse segmento, pois elas operam na chamada deep web, isto é, uma parte da rede que não é indexada pelos mecanismos de buscas, ficando oculta ao grande público.

Figura 52 - Os hackers das notícias falsas geralmente atuam em uma zona da internet chamada deep web.

Os hackers das notícias falsas geralmente atuam em uma zona da internet chamada deep web.

Para disseminar informações falsas, é criada uma página na internet. Um robô criado pelos programadores desses grupos é o responsável por disseminar o link nas redes. Quanto mais o assunto é mencionado nas redes, mais o robô atua, chegando a disparar informações a cada dois segundos, o que é humanamente impossível.

Com tamanho volume de disseminação de conteúdos, pessoas reais ficam vulneráveis às fake news e acabam compartilhando essas informações. Dessa forma, está criada uma rede de mentiras com pessoas reais.

Como os responsáveis pelas fake news atuam, geralmente, em uma região da web que é oculta para a grande maioria dos usuários, não é fácil identificá-los e, consequentemente, puni-los. Além disso, essas pessoas usam servidores de fora do país, em lan houses que não exigem identificação.

6.3 Exemplos e consequências de fake news

Qualquer tipo de informação falsa, da mais simples à mais descabida, induz as pessoas ao erro. Em vários casos, a notícia contém uma informação falsa cercada de outras verdadeiras. É principalmente nessas situações que estão escondidos os perigos das fake news, e suas consequências podem ser desastrosas.

Um caso que ficou conhecido e chegou ao extremo foi o da dona de casa Fabiane Maria de Jesus, que morreu após ter sido espancada por dezenas de moradores de Guarujá, no litoral de São Paulo, em 2014. A revolta dos moradores foi em virtude de informações publicadas em uma rede social, com um retrato falado de uma possível sequestradora de crianças para rituais de magia negra. A dona de casa foi confundida com a criminosa e acabou linchada por moradores.

Outro boato que tomou conta das redes e influenciou diretamente o calendário de vacinação infantil foi o de que algumas vacinas seriam mortais e teriam matado milhares de crianças. O impacto foi tão grande que doenças como o sarampo, do qual o Brasil era considerado livre, voltaram a acometer crianças.

Depois da greve dos caminhoneiros em 2018, que durou 11 dias, fechou rodovias de norte a sul do país e provocou desabastecimento de diversos produtos, alguns boatos de uma nova greve geraram tumulto nas grandes cidades. Em alguns municípios, filas de carros formaram-se em postos de combustíveis, pois as pessoas temiam o aumento do preço e até mesmo a falta do produto.

Em época de eleições, é comum candidatos ou eleitores usarem mentiras para levar vantagem. Com a presença de tantos eleitores nas redes sociais, uma mentira bem plantada pode alterar os rumos de uma eleição, como no caso das eleições de 2016 nos Estados Unidos.

Um dado grave que foi constatado pelos pesquisadores do Massachusetts Institute of Tecnology (MIT), nos Estados Unidos, é que a chance de uma notícia falsa ser repassada é consideravelmente maior que a de uma verdadeira. Foram analisadas 126 mil notícias, e percebeu-se que a probabilidade de republicar uma informação falsa é 70% maior do que a de republicar uma notícia verdadeira.

Figura 53 - As chances de uma notícia falsa ser repassada são bem maiores que as de uma notícia verdadeira.

6.4 Como combater as fake news?

Para as autoridades, identificar e punir os autores de boatos na rede é uma tarefa muito difícil. No caso do Brasil, a legislação que prevê punição para esse tipo de crime não fala sobre internet, cita apenas rádio e televisão.

Alguns sites de fake news usam endereços e layouts parecidos com os de grandes portais de notícias, induzindo o internauta a pensar que são páginas de credibilidade. Por isso, todo cuidado é pouco na internet.

A maneira mais efetiva de diminuir os impactos das fake news é cada cidadão fazer sua parte, compartilhando apenas aquilo que tem certeza de que é verdade. O ideal é duvidar sempre e procurar informações em outros veículos, especialmente nos conhecidos como grandes mídias.

No Brasil, existem agências especializadas em checar a veracidade de notícias suspeitas e de boatos, as chamadas fact-checking. Alguns grandes portais de notícias também criaram setores para checagem de informações.

Veja algumas páginas de fact-checking no Brasil:

- Agência Lupa
- Aos Fatos
- Truco
- UOL Confere
- Boatos.org
- E-farsas

6.5 A ciência falsa pode ser fatal.

É importante buscar a verdade dos fatos para ter uma base de conhecimento confiável. A ignorância da verdade ou o conhecimento que não é posto em prática, pode ser fatal. Este princípio básico se aplica em níveis do pessoal ao planetário.

A falsificação afeta a ciência, bem como as informações sociais cotidianas e, uma vez que as duas se tornaram altamente interativas globalmente, um ciclo vicioso opera perigosamente em escala crescente.

O ciclo de notícias falsas/ciência falsa mina a credibilidade da ciência e a capacidade dos indivíduos e da sociedade de fazer escolhas informadas por evidências em seu melhor interesse.

No nível individual, a falta de conhecimento confiável sobre como manter a segurança física, nutricional e de saúde pessoal pode resultar em danos evitáveis ou morte.

Um exemplo são as doenças infantis, deficiências permanentes e mortes que resultaram em todo o mundo do relatório científico fabricado de que a vacina contra sarampo, caxumba e rubéola (MMR) causa autismo.

Apesar do registro comprovado de eficácia das vacinas na prevenção de infecções por doenças mortais, a ampla disseminação dessa mentira, especialmente através das mídias sociais, resultou não apenas em níveis recordes de infecções por sarampo na Europa em 2018, mas também alimentou um crescente, fenômeno mais amplo conhecido como 'hesitação vacinal'.

Em um nível coletivo, informações falsas podem alterar atitudes e políticas sobre questões ecológicas, sociais e políticas cruciais e, no extremo, podem colocar populações inteiras em níveis nacional, regional e até global em risco de danos.

Por exemplo, a negação da mudança climática antropogênica, descartada sem contra evidência como 'ciência falsa', resultou na perda de aceitação universal do acordo internacional sobre mudança climática e seu impacto no nível de aquecimento global provavelmente terá consequências desastrosas em todo o mundo em século XXI.

A representação de grupos étnicos, estrangeiros ou estados estrangeiros como inimigos por meio de histórias falsas é uma técnica antiga que ganhou nova potência por meio de métodos modernos de comunicação de massa e pode provocar genocídios e guerras.

Contas falsas no Twitter foram usadas para enviar milhões de mensagens com o objetivo de influenciar as atitudes em relação ao Brexit no referendo do Reino Unido de 2016 e opiniões sobre os candidatos nas eleições presidenciais de 2016 nos EUA.

6.6 As informações validadas precisam ser postas em prática.

A consciência das evidências de que fumar causa doenças graves e que o tabaco mata até metade de seus usuários ainda não permitiu que 1,1 bilhão de fumantes em todo o mundo deixassem seu vício ou que os governos introduzissem proibições definitivas ao fumo.

Negação, notícias falsas, o enfraquecimento deliberado de dados verdadeiros retratando-os como "ciência lixo" para distorcer as políticas de saúde pública, informações fabricadas, distorção do enquadramento da mídia e comércio ilícito secreto foram documentados na batalha de décadas da indústria do tabaco e seus adeptos para sustentar seu comércio lucrativo, mas fatal.

Exemplos como as mudanças climáticas e o tabaco ilustram as dificuldades que tanto os indivíduos quanto a sociedade podem ter para determinar o que é factualmente correto, como reconhecer os preconceitos e interesses adquiridos que podem estar por trás das informações disponíveis e como equilibrar riscos e benefícios em nível pessoal, nacional e níveis globais.

6.7 Evolução da validação científica.

Um fator crítico é a questão de quem tem autoridade para determinar a confiabilidade dos fatos e julgar a veracidade das informações oferecidas.

Desde os tempos antigos, aqueles com riqueza, poder e posições hierárquicas elevadas eram tratados como fontes privilegiadas, assim como alguns indivíduos considerados como altruístas buscadores de sabedoria nos domínios da espiritualidade, erudição ou ciência.

Desde sua introdução por Francis Bacon (1561-1626), o método científico evoluído incluiu observações imparciais que são avaliadas quanto à reprodutibilidade e submetidas a uma autocrítica cuidadosa e pensamento lógico sobre seu significado e implicações, então oferecidas para inspeção pelo mundo em geral.

O estabelecimento de sociedades eruditas e a publicação de periódicos, começando com as Philosophical Transactions of the Royal Society, publicado pela primeira vez em 1665, forneceu um mecanismo para apresentar informações que poderiam ser examinadas criticamente pela comunidade científica.

Se refutados, os modelos e teorias predominantes seriam substituídos por novos, mais consistentes com o estado do conhecimento contemporâneo. Esse caráter provisório da ciência não é uma fraqueza, mas uma das principais razões de sua força.

A evolução desse processo, na segunda metade do século XX, estabeleceu um 'padrão ouro' para a confiabilidade do conhecimento. Tem sido a base da estima em que a ciência tem sido tida, como fonte honesta e imparcial de conhecimento baseado em evidências, não apenas para avançar as fronteiras do campo, mas também para informar o público e os políticos e auxiliar na tomada de decisões.

O relatório histórico de 1918 de Richard Burdon Haldane ao primeiro-ministro britânico sinalizou a força da relação em evolução entre ciência e política, com Haldane defendendo o princípio de que os políticos devem ficar de fora das decisões sobre financiamento de pesquisas, ouvir especialistas, ter tempo para pensar e reflita antes de chegar a uma conclusão e, ao pedir conselhos aos cientistas, resista a dizer a eles qual deve ser esse conselho.

6.8 O cenário em mudança: a revolução na produção de conhecimento.

Embora o grau de importância das contribuições científicas para a formulação de políticas continue a ser debatido, a atual revolução na produção de conhecimento complicou ainda mais a questão.

Uma ilustração da extensão em que a paisagem mudou foi vista no ano do centenário do 'Princípio Haldane', que testemunhou um importante relatório científico encomendado pelo governo dos EUA e emitido por 13 agências federais - alertando sobre as consequências das mudanças climáticas e portanto, em desacordo com as políticas do governo - sendo rejeitado por vários políticos importantes, incluindo o presidente, sob o argumento de que eles 'não acreditam', enquanto eles (infundadamente) acusaram os cientistas do clima de serem movidos pelo dinheiro.

Em 1991, Harnad descreveu quatro estágios nos meios de produção do conhecimento nos seres humanos. Os três primeiros foram o surgimento da linguagem (há centenas de milhares de anos) e a invenção da escrita (há vários milhares de anos) e da impressão (há mais de 500 anos).

O quarto havia começado muito recentemente, com a invenção da Internet e a capacidade que ela oferece a qualquer pessoa no mundo para ser um editor — para comunicar qualquer informação que deseje, verdadeira ou falsa, instantânea e globalmente.

Os fatos e sua negação não são mais determinados por qualquer tipo de autoridade, mas, em princípio, por cada indivíduo, independentemente de sua educação e reputação ou conhecimento de um campo criteriosamente adquirido.

A manipulação de dados por qualquer pessoa (incluindo cientistas) se torna cada vez mais fácil. Devido à pronta disponibilidade de ferramentas de tecnologia da informação e comunicação (TIC) e acesso à Internet e mídias sociais, existem hoje inúmeras maneiras de criar e distribuir produtos de veracidade desconhecida, incluindo material textual e pictórico manipulado. As previsões do filósofo anarquista da ciência Paul Feyerabend de que 'vale tudo' e do artista conceitual Joseph Beuys de que 'todo ser humano é um artista' tornaram-se assim realidade.

Em seu ensaio de 1943 sobre a Guerra Civil Espanhola, o escritor George Orwell reconheceu a maneira como as pessoas na política e nas guerras fazem uso dos mecanismos de propaganda disponíveis para criar suas próprias versões da verdade, expressando seu medo de que "o próprio conceito de verdade objetiva está desaparecendo do mundo'.

Este desafio contínuo foi exacerbado e acelerado grandemente pelas TIC e pela quarta revolução na produção de conhecimento. Como reconheceu Harnad, cada uma dessas revoluções do conhecimento representou uma mudança profunda e qualitativa tanto em COMO os seres humanos se comunicam e pensam quanto no QUE é pensado.

6.9 Consequências para a ciência e para a publicação e avaliação científica

Os impactos da quarta revolução, que mal se viam três décadas atrás, são agora dramaticamente evidentes, inclusive na linguagem contemporânea. Um sinal foi a declaração de Ralph Keyes em 2004 de que "vivemos em uma era pós-verdade" – um estágio de evolução social que está "além da honestidade", no qual "o engano se tornou comum em todos os níveis da vida contemporânea".

Sinais mais recentes foram o surgimento em 2017 do termo 'fatos alternativos' para descrever dados imprecisos e a designação de 'verdade não é verdade' como a Citação do Ano de 2018.

Há impactos crescentes tanto na interface entre ciência e sociedade quanto no domínio da própria ciência. Tem sido argumentado que, no atual ambiente político e midiático, 'desconfiança no empreendimento científico e percepções errôneas do conhecimento científico decorrem cada vez mais... da ampla disseminação de informações enganosas e tendenciosas'.

O filósofo Bruno Latour observou que "os fatos permanecem robustos apenas quando são sustentados por uma cultura comum, por instituições confiáveis, por uma vida pública mais ou menos decente, por uma mídia mais ou menos confiável".

Enquanto pesquisas sobre a visão do público sobre a confiabilidade dos cientistas produzem resultados que variam com o tempo e o lugar, em seu livro de 2017 sobre a 'morte da expertise', Tom Nichols descreveu as muitas forças que tentam minar a autoridade dos 'especialistas', de modo que o próprio termo começou a ser usado de maneira desdenhosa para justificar a rejeição de seus conselhos.

Diante desse desafio, é especialmente importante que o mundo científico como um todo mantenha os mais altos padrões de comportamento ético, honestidade e transparência, visando manter os padrões ouro de integridade de pesquisa e informações validadas. Infelizmente, uma série de forças estão trabalhando contra essa aspiração.

> *As pessoas no mundo da ciência não estão imunes às ambições pessoais e às pressões predominantes que impulsionam o comportamento em geral.*

Como descrito recentemente, três subsistemas intimamente relacionados (avanço da ciência, recompensas de reputação e retornos financeiros) formam coletivamente um sistema geral de publicação científica que se tornou fortemente falho.

Encoraja os cientistas a distorcer e exagerar seus resultados na busca por novas bolsas, promoções e distinções; e incentiva os editores a escolherem o trabalho, exagerarem nos resultados e distorcerem a arbitragem na competição por status elevado e lucros correspondentemente altos das taxas de publicação.

Tanto os autores quanto os editores são incentivados a jogar o sistema em benefício mútuo. No extremo, os incentivos perversos gerados resultam em autores fabricando dados, periódicos predatórios caçando artigos e sendo criados periódicos falsos que buscam apenas os honorários dos autores para o processamento dos artigos.

A escala do problema da ciência falsa está se tornando cada vez mais evidente. A porcentagem de artigos científicos retraídos por fraude aumentou em uma ordem de magnitude desde 2000 e altas taxas de retração são observadas para os periódicos mais prestigiados, ilustrando tanto a extensão em que alegações falhas são perpetradas por cientistas que buscam destaque e fraquezas e até falsificação na prática atual de revisão por pares. Uma investigação recente da publicação em periódicos predatórios de 'acesso aberto' e conferências falsas revelou um ecossistema global de editores predatórios produzindo 'ciência falsa' com fins lucrativos.

A intrusão de tais periódicos no espaço tradicionalmente respeitado da publicação científica prejudica seriamente a integridade e a credibilidade da ciência e, se não for interrompida e sancionada imediatamente, pode se tornar fatal para o campo como o conhecemos.

É uma força fundamental do sistema científico que o conhecimento incorreto será eventualmente descoberto e descartado. No entanto, o ritmo e a escala em que o material que é na melhor das hipóteses duvidoso e, na pior, deliberadamente falso está sendo publicado agora está criando uma crise.

As consequências são muito prejudiciais para a empresa científica, com uma perda de respeito pelos resultados da ciência e do método científico, levando, entre outros, a um declínio acentuado no financiamento, empregos e estudantes que desejam entrar no campo.

A crise também está prejudicando a sociedade, criando um ambiente 'vale tudo' no qual 'fatos alternativos' não são testados e as decisões que afetam a vida das pessoas em todos os lugares não são informadas por dados autênticos ou conclusões válidas. Assim, na nova era da quarta revolução nos meios de produção do conhecimento.

6.10 Caminhos a seguir

A ciência falsa e as notícias falsas são fenômenos complexos que envolvem uma variedade de causas, canais de divulgação e consequências. Resolver os desafios que eles representam não será alcançado por uma única abordagem ou simples conjunto de medidas, mas exigirá um esforço conjunto de uma ampla gama de atores em todos os setores.

Para resolver o problema social geral das notícias falsas, várias iniciativas em andamento ou em discussão oferecem abordagens promissoras. Além daqueles que envolvem diretamente a ciência e os cientistas, que são discutidos separadamente abaixo, eles incluem o seguinte.

Esforços são necessários para combater a disseminação de informações falsas via mídia social, por meio de modificações em algoritmos de computador que favoreçam a 'tendência' de histórias sem base factual, e desenvolvimento de ferramentas que ajudem a identificar e desenvolver habilidades no reconhecimento de falsas alegações.

As limitações das abordagens automatizadas em larga escala e a engenhosidade com que podem ser manipuladas devem, no entanto, ser reconhecidas.

Deve haver mais esforços para aumentar a responsabilidade assumida pelos serviços de mídia social pelo conteúdo que eles permitem online. A questão fundamental de saber se as mídias sociais devem ser consideradas como 'plataformas' que não são responsáveis pelo conteúdo (como as mídias sociais mantêm) ou como 'editores' que podem, como os editores impressos tradicionais, ser responsabilizados pelo conteúdo que divulgam (como alguns críticos da posição atual propõem), com muitas ramificações legais, regulatórias, financeiras, éticas e operacionais, permanece em disputa.

Enquanto isso, tem havido uma insatisfação generalizada com os resultados da autorregulação pelas mídias sociais até o momento, e falhas altamente divulgadas em áreas como política, racismo e saúde levaram a pedidos por mais regulamentação e/ou mais ação pelas mídias sociais. As iniciativas necessárias incluem esforços para aumentar a velocidade e o alcance das medidas para remover materiais ofensivos e prejudiciais e desenvolver algoritmos para detectar e excluir fontes fraudulentas.

Os cientistas não devem permanecer espectadores na batalha contra a falsidade nas notícias em geral, bem como em seus próprios domínios de especialização.

Eles podem contribuir para a compreensão do fenômeno das notícias falsas, que normalmente tem sido estudado em quatro linhas: caracterização, criação, circulação e combate.

É necessário um esforço multidisciplinar para entender melhor como a Internet espalha conteúdo e como os leitores processam as notícias e informações que consomem, bem como como as plataformas de mídia social são manipuladas para amplificar histórias particulares através do uso de contas falsas e 'bots'. Como exemplo, o WhatsApp selecionou 20 equipes de pesquisa em todo o mundo, inclusive da Índia, para trabalhar para entender como a desinformação se espalha e quais etapas adicionais a plataforma de mensagens móveis pode tomar para conter notícias falsas.

Os cientistas devem estar dispostos a falar quando virem informações falsas sendo apresentadas nas mídias sociais, mídia impressa tradicional ou imprensa de transmissão.

Eles devem usar esses meios plenamente eles mesmos para oferecer fatos e evidências em linguagem leiga sucinta, enfatizando a amplitude e profundidade do consenso científico que sustenta o estado atual do conhecimento e apontando para a falta de rigor científico nas informações falsas.

Eles devem estar dispostos a contradizer líderes públicos e formadores de opinião que condenam ou rejeitam a ciência válida sem oferecer evidências próprias verificadas, como aconteceu, por exemplo, nos EUA e na Índia.

A longo prazo, os cientistas devem ser melhores defensores e contribuintes para a geração de uma sociedade mais cientificamente alfabetizada. A defesa final contra fatos falsos é a capacidade de cada indivíduo examinar criticamente as informações oferecidas e chegar a um julgamento sobre sua confiabilidade com base em evidências e raciocínio.

Os cientistas podem contribuir para inculcar o 'temperamento científico' na sociedade. Este termo, cunhado em 1946 por Jawaharlal Nehru, descreve um modo de vida, um processo de pensar e agir que utiliza o método científico e pode, consequentemente, incluir questionar, observar, testar, formular hipóteses, analisar e comunicar.

O papel do jornalismo continua a ser importante e o desenvolvimento por cientistas de ligações mais fortes com jornalistas respeitáveis pode encorajar relatórios de pesquisa mais claros e precisos.

No domínio da própria ciência, individual e coletivamente por meio de suas associações profissionais, instituições acadêmicas e órgãos de fomento, os cientistas devem atuar para colocar a própria casa em ordem, promovendo práticas éticas e integridade da pesquisa, lidando com os problemas de reprodutibilidade e retratações, desenvolvendo políticas e práticas para desincentivar a produção e publicação de dados e resultados falsos e o uso de periódicos 'predatórios' que têm revisão por pares inadequada e fazendo uso máximo das capacidades emergentes de inteligência artificial para detectar e expor dados e imagens falsificados.

Exemplos em que medidas já estão sendo adotadas ou exploradas incluem o uso da Índia de uma 'lista branca' para desencorajar pesquisadores de publicar em periódicos predatórios.

A educação – tanto amplamente como parte do desenvolvimento de habilidades para a vida quanto especificamente na cultura e nos métodos da ciência – é uma parte essencial da solução de longo prazo, para que os jovens sejam equipados com conhecimentos, habilidades e ferramentas para serem capazes de criticamente examinar as informações e avaliar sua veracidade.

Conforme observado pelo Presidente do Conselho Europeu de Pesquisa, 'Precisamos formar uma nova geração de mentes críticas. A ciência não é aprender fatos de cor, estabelecidos há muito tempo; é saber questionar e seguir em frente.

A maioria dos jovens depende principalmente das mídias sociais para obter suas notícias, por isso devemos lidar com essa questão por meio de uma melhor alfabetização de notícias, e é tarefa de nossos educadores e da sociedade em geral ensinar as crianças a usar a dúvida de forma inteligente e entender essa incerteza podem ser quantificados e medidos.

Pesquisas indicam que inocular preventivamente as pessoas antes que elas recebam informações erradas (pré-bunking) é mais eficaz do que refutar após o recebimento (desmascaramento) na redução da influência da desinformação. Sintetizar linhas de pesquisa separadas da educação, psicologia cognitiva e teoria da inoculação (um ramo da pesquisa psicológica) fornece um conjunto coerente de recomendações para educadores e comunicadores.

As explicações científicas que envolvem a comunicação clara de conceitos científicos e o consenso científico atual são idealmente combinadas com explicações inoculantes de como essa ciência pode ser distorcida.

6.11 Qual é o papel de um líder para impedir notícias falsas no local de trabalho?

A desinformação vem em muitas formas e tamanhos e afeta sua empresa também. Tudo, desde o compartilhamento de fake news até a propagação de rumores, pode significar problemas, especialmente entre coletivos maiores.

Deixar essas coisas correrem riscos descontrolados erodir a confiança na empresa, criar conflitos entre os funcionários, impactar a produtividade e levar a mal-entendidos dispendiosos. Por exemplo, um ambiente de trabalho insalubre pode levar bons trabalhadores a procurar outras oportunidades.

É cada vez mais importante que os líderes moderem os canais e configurações de discussão da empresa para evitar os impactos negativos do absurdo. Isso não quer dizer que você precise desempenhar o papel de policial do pensamento, dizer às pessoas o que pensar ou se intrometer em todas as discussões dos funcionários. Fazer isso provavelmente só servirá para agravar ainda mais a situação.

Em vez disso, o principal papel do gerente em impedir a disseminação de fake news na empresa é equipar sua equipe com as ferramentas, recursos e know-how para poder avaliar as coisas que compartilham e discutir nos canais da empresa. Particularmente no que se refere à comunicação sobre a empresa. E só interfira quando for absolutamente necessário.

6.12 O que é desinformação no local de trabalho e como identificá-la?

Embora certamente haja algo a ser dito sobre nossa responsabilidade coletiva de impedir fake news em geral, os gerentes não podem ser os únicos árbitros da verdade e verificar tudo o que é compartilhado.

Além disso, a desinformação no local de trabalho pode incluir rumores, clickbait, teorias da conspiração e mentiras descaradas, e até mesmo os líderes e funcionários mais bem treinados são suscetíveis a serem vítimas de informações confiáveis.

Assim, o tipo de desinformação que deve ser escrutinado na empresa é a fofoca prejudicial no escritório e as notícias inflamatórias – as coisas que mais provavelmente contribuem para a toxicidade do escritório.

Figura 54 – Fake News chegam a gerar sofrimento nas equipes.

Entender o que se qualifica como inflamatório é um desafio em si, no entanto, conhecer os antecedentes de sua equipe e conhecê-los enquanto você trabalha em conjunto pode ajudar muito a entender onde eles estão. Além disso, como regra geral, é melhor deixar as questões de botão de atalho intocadas, a menos que seja absolutamente claro que todos estão na mesma página.

6.13 6 maneiras de acabar com as fake news no local de trabalho.

Cabe à liderança da empresa estabelecer as bases para um espaço de informações de escritório saudável. Vejamos 3 maneiras de como isso pode ser alcançado.

1. Promova uma cultura de transparência.

    Combata a má comunicação com uma boa comunicação. Rumores de escritório e desinformação sobre a empresa geralmente brotam quando há um vácuo de informações. A resposta é auto-evidente – não deixe esse vácuo existir.

    Atualizações contínuas e interação de superiores que fornecem a posição oficial da empresa e pontos de vista sobre tópicos sociais, corporativos e financeiros podem conter a disseminação de informações imprecisas e alinhar todos.

    Discutir abertamente o bom, o ruim e o feio demonstra confiança na equipe e incentiva discussões públicas que não permitem que o ressentimento se apodreça nas sombras. É claro que a comunicação precisa ser bidirecional e oferecer à equipe um meio pelo qual ela possa se expressar.

    Com ferramentas como o SpeakUp – um quadro de mensagens anônimas para empresas – até os funcionários mais tímidos podem se fazer ouvir sem medo de repercussões.

    A abertura em discussões relacionadas à empresa também pode ter um efeito indireto em conversas não relacionadas ao trabalho, pois as pessoas aprendem a se comunicar de forma transparente e sem hostilidade.

2. Eduque a equipe sobre como identificar fake news.

    Diremos novamente, mas vale a pena repetir – o gerente não deve ser um árbitro da verdade. Ensinar os funcionários a avaliar criticamente as informações é a melhor coisa que você pode fazer para impedir que notícias falsas se espalhem no local de trabalho e tirar um pouco do peso dos ombros do gerente.

Desde a realização de um workshop de pensamento crítico até a divulgação de informações sobre táticas para verificar a precisão do conteúdo, a educação é uma das ferramentas mais fortes em seu arsenal. E os gerentes que supervisionam sua equipe precisam ser proficientes nessas coisas.

Ao encontrar possíveis informações erradas na empresa, você deve:

- Verificar sua veracidade – leia as informações, verifique suas fontes, examine o autor e verifique com outras fontes.
- Examinar seus preconceitos – familiarize-se com alguns dos erros de pensamento crítico mais comuns e certifique-se de não ser vítima deles, por exemplo, viés de confirmação, viés de disponibilidade, viés de ancoragem etc.
- Estar atento a quem está compartilhando. Entender de onde as notícias estão vindo pode ajudar muito a dizer como responder diplomaticamente.

Se todas as pessoas da sua equipe entenderem os princípios básicos da análise de informações, você não apenas desacelerará as notícias falsas, mas também ganhará uma equipe mais competente.

3. Lidere pelo exemplo.

Saber identificar a desinformação não é suficiente. As coisas geralmente parecem críveis tanto na superfície quanto após uma investigação mais profunda, portanto, é quase inevitável que algumas coisas escapem.

Não hesite em mudar de opinião com frequência e publicamente quando tiver conhecimento de novos fatos. Mesmo que seja sobre alguma discussão que ocorreu meses antes, revisitá-la e explicar o que mudou (por exemplo, você perdeu a fé na fonte) pode ajudar muito a mudar a opinião de seus colegas que ainda aceitam a versão anterior dos fatos.

Além disso, demonstrará como usar a segunda ferramenta mais importante no combate à desinformação – mudar de ideia. O objetivo, afinal, não é o exercício de detectar notícias falsas. O objetivo é acreditar em coisas verdadeiras.

4. Incentive seus funcionários a consultar fontes de informação verificadas.

   Embora para algumas pessoas seja difícil acreditar em notícias falsas, a realidade é que nem todo mundo se dá ao trabalho de verificar se algo que leu é verdade ou não. Incentive seus funcionários a consultar as informações de saúde do governo local ou verificar informações atualizadas em sites oficiais, como OSHA e CDC.

5. Construa uma comunicação fluente e transparente

   Certifique-se de ter os canais de comunicação corretos para informar seus funcionários e se comunicar com eles com frequência. Além disso, uma comunicação regular e transparente lhe dará mais visibilidade sobre o que os funcionários estão mais preocupados ou precisam esclarecer. Ao fazer isso, você pode resolver suas dúvidas diariamente ou compartilhar atualizações regulares.

6. Coloque a segurança em primeiro lugar

   A segurança não é uma escolha. Lembre-se de que os empregadores têm a responsabilidade de determinar as melhores práticas de segurança no trabalho. Por esta razão, é importante que os líderes sejam capazes de construir uma forte cultura de segurança no local de trabalho para promover comportamentos e atitudes particulares entre os funcionários. Demonstrar aos funcionários que sua segurança é mais importante do que qualquer informação duvidosa. Como disse um profissional de segurança: "independentemente de quais sejam suas opiniões pessoais, é melhor prevenir do que remediar".

Para os gerentes, combater a desinformação significa seguir uma linha tênue – você deve aprimorar o discurso da empresa sem estender demais. Ainda assim, é um esforço produtivo que pode melhorar a dinâmica do escritório, criando um ambiente mais acolhedor para os funcionários e promovendo uma melhor comunicação entre eles.

No final das contas, a atividade mais valiosa é a da educação. Cortar notícias falsas no local de trabalho pela raiz, ensinando as pessoas a reconhecer e evitar compartilhar informações erradas, permitirá que os gerentes gastem menos tempo combatendo incêndios e mais tempo se concentrando em atividades de valor agregado.

Dito isto, à medida que avançamos para uma era pós-verdade, é provável que as divisões nas opiniões se tornem mais pronunciadas e cada vez mais cheguem aos nossos ambientes de trabalho. A ação direcionada é necessária para garantir que não se torne um problema em sua empresa.

Nestes tempos de combate a fake News fica ainda mais difícil defender o valor da experiência. Parece que tudo que sustenta o mundo está em constante cheque.

CAPITAL HUMANO NO TRABALHO

"A valorização do capital humano no trabalho não se resume apenas a oferecer salários competitivos, mas também a promover um ambiente onde as pessoas se sintam reconhecidas, inspiradas e empoderadas para alcançar seu pleno potencial."

World Economic Forum

7 SOFT SKILLS: O QUE SÃO, EXEMPLOS E COMO DESENVOLVER.

Soft skills são habilidades comportamentais relacionadas a maneira como o profissional lida com o outro e consigo mesmo em diferentes situações. As soft skills, diferentemente das hard skills, são habilidades subjetivas, mais difíceis de serem mensuradas.

Você já ouviu falar em soft skills? O termo diz respeito às habilidades relacionadas à personalidade de um profissional, como capacidade de comunicação ou trabalho em equipe.

Figura 55 – Soft Skills.

Segundo o estudo do site de recrutamento CareerBuilder[3], 77% das empresas acreditam que as soft skills são tão importantes quanto as técnicas no dia a dia de trabalho.

---

[3] https://www.prnewswire.com/news-releases/overwhelming-majority-of-companies-say-soft-skills-are-just-as-important-as-hard-skills-according-to-a-new-careerbuilder-survey-254697151.html

7.1 O que são soft skills?

O termo soft skills geralmente anda junto com hard skills, ambos são utilizados por profissionais de Recursos Humanos para identificar características específicas de um profissional.

As hard skills são habilidades técnicas e, de modo geral, são facilmente mensuráveis e possíveis de desenvolver por meio de treinamentos e cursos, por exemplo. Durante muito tempo, essa competência foi a principal e mais relevante profissionalmente, mas esse cenário tem se transformado e atualmente as soft skills aparecem com muito mais relevância e destaque.

Já as soft skills se referem a habilidades comportamentais relacionadas a maneira como uma pessoa lida com o outro, ou seja, como funciona a interação dela em grupos e, ao mesmo tempo, como ela lida com suas próprias emoções. Quanto mais positivamente o profissional consegue lidar com essas situações ambientais e psicológicas, maiores são suas soft skills.

Contudo, apesar da importância das soft skills, elas são difíceis de serem mensuradas e desenvolvidas, pois são competências subjetivas, portanto, estão intimamente relacionadas à personalidade e outros fatores emocionais construídos ao longo da vida do indivíduo.

Tendo isso em vista, é possível entender o motivo pelo qual as soft skills são tão valorizadas na atualidade.

7.2 Exemplos de soft skills

1. Inteligência Emocional

A inteligência emocional é a capacidade de reconhecer e lidar com as próprias emoções e com as emoções do outro. Inicialmente, consiste na identificação das emoções por meio de aspectos fisiológicos para posteriormente haver um entendimento mais profundo sobre uma reação, reconhecer emoções não evidentes e, por último, lidar com os próprios sentimentos e com os sentimentos dos outros.

2. Resiliência

A resiliência está muito relacionada à resposta dada pelo indivíduo ao se deparar com situações adversas ou ao ter que tomar uma decisão sob pressão. De modo geral, é a capacidade de lidar com problemas de modo assertivo e se adaptar facilmente.

3. Comunicação assertiva

A comunicação é muito importante em diferentes funções, porém, dependendo da forma como ela é feita pode-se incitar ou apaziguar conflitos. Ao mesmo tempo, se a mensagem não for compreensível pode haver problemas no entendimento de demandas e, consequentemente, nos processos e entregas. Então, para evitar conflitos e manter uma linearidade nos processos, é importante que haja uma comunicação assertiva dentro dos times.

7.3 Quais são as soft skills mais demandadas pelas empresas?

São as soft skills que vão indicar ao recrutador de que maneira o profissional lida com os desafios do dia a dia. De acordo com a pesquisa da CareerBuilder, citada inicialmente, as dez habilidades pessoais mais procuradas pelas organizações são:

- Princípios éticos;
- Confiança;
- Atitude positiva;
- Motivação;
- Trabalho em equipe;
- Organização e gestão do tempo;
- Capacidade de trabalhar sob pressão;
- Comunicação;
- Flexibilidade;
- Segurança.

CAPITAL HUMANO NO TRABALHO

1.1 Quais são as diferenças entre soft skills e hard skills?

Além das soft skills, também são avaliadas pelos recrutadores as chamadas hard skills. Nessa categoria, enquadram-se as habilidades técnicas do candidato, como a capacidade de operar uma máquina, o nível de proficiência em algum software ou os conhecimentos específicos em determinada área de atuação.

A diferença mais importante entre soft skills e hard skills está no aprendizado. Habilidades técnicas podem ser adquiridas na faculdade, nos cursos livres e nas experiências de trabalho anteriores. As soft skills, por outro lado, são partes da personalidade do profissional, características pessoais que ele provavelmente já carrega ao longo de toda a vida.

É claro que as soft skills também podem ser ensinadas, treinadas e desenvolvidas, mas esse é um processo muito mais demorado. Já imaginou como seria difícil transformar um gestor agressivo em um líder carismático? Ensinar um leigo em audiovisual a utilizar uma ferramenta de edição de vídeos seria muito mais simples.

7.4 Qual a importância das soft skills?

Existem muitas vantagens estratégicas em contratar pessoas que tenham soft skills desenvolvidas. Para que a equipe entregue os resultados esperados, um bom relacionamento entre os colegas é essencial. É aí que entram, por exemplo, as habilidades de comunicação e trabalho em equipe. Se os profissionais do time tiverem essas competências, fica fácil estabelecer um dia a dia produtivo e harmonioso.

Outra situação em que as soft skills são necessárias é na resolução de problemas do dia a dia. Profissionais proativos costumam procurar soluções por conta própria, levando aos gestores apenas questões que estejam completamente fora de seu alcance. Quando a equipe não depende tanto das decisões da liderança, os processos se tornam dinâmicos e os resultados acontecem de forma mais rápida e eficiente.

O fato de esse tipo de competência ser uma habilidade transferível também é um ponto positivo. Isso significa que, com o convívio diário, as pessoas da equipe podem ir aos poucos aprendendo soft skills umas das outras.

Um profissional com atitude extremamente positiva, por exemplo, pode transformar a forma de pensar do time inteiro ao longo do tempo. No entanto, o contrário também acontece: uma pessoa negativa, que só reclama, pode acabar contaminando o ambiente. Essa é a importância de se preocupar em recrutar funcionários com o perfil correto.

Por último, é importante destacar que soft skills podem ser usadas em qualquer tipo de profissão ou emprego. Ou seja, no caso de um analista financeiro ser transferido para a área de marketing, ele poderá ter muito sucesso se for uma pessoa criativa e comunicativa.

7.5 Como avaliar soft skills durante a entrevista de emprego?

Competências técnicas são mais fáceis de serem avaliadas do que habilidades comportamentais. Se um candidato colocar no currículo que seu inglês é fluente, basta aplicar testes orais ou escritos para comprovar se a afirmação é verdadeira ou não. Isso vale para proficiência em softwares e outros conhecimentos específicos.

Sendo assim, como é possível avaliar soft skills de maneira eficaz? Para isso, é necessária uma dedicação especial no momento da entrevista. Fazer as perguntas certas e prestar atenção nas respostas é fundamental para identificar se o candidato tem as características pessoais desejadas.

O ideal é que o entrevistado saiba fazer a conexão entre suas habilidades e os resultados profissionais e que tenha uma visão de mundo naturalmente empática, otimista e colaborativa.

Não existe fórmula mágica, é claro, mas listamos algumas perguntas que podem ajudar nessa missão. Veja a seguir!

"Conte-me sobre um período em que precisou trabalhar em equipe".

Se o candidato falar mal do grupo em que trabalhava e disser que precisava resolver tudo sozinho, descarte-o. Mesmo que a história seja verdadeira, um bom entrevistado a contaria de outra forma. Uma resposta como essa significa que a pessoa não se preparou bem para a entrevista, já que não sabe que não deveria fazer críticas aos ex-colegas.

A melhor resposta, nesse caso, é aquela que descreve como as contribuições de todos no grupo foram importantes para o sucesso do projeto. Se o candidato conseguir contar sobre o próprio trabalho e ainda valorizar a atuação daqueles que o ajudaram, pode ter certeza que é um profissional com forte habilidade de trabalho em equipe.

"Fale sobre uma situação na qual precisou pedir ajuda".

Essa é outra boa questão para avaliar se o candidato sabe ou não trabalhar em equipe. Caso ele diga que não se lembra, desconfie. Um profissional que trabalha bem em grupo sabe que ninguém é bom em tudo e faz questão de pedir ajuda aos colegas sempre que necessário. E, é claro, também é sempre solícito ao prestar apoio aos companheiros. Esse tipo de funcionário não terá dificuldades em responder à pergunta.

"Se algum dia você tivesse que desempenhar uma função que está fora da descrição do seu cargo, como reagiria?".

Essa pergunta avalia a proatividade e a versatilidade do candidato. Profissionais sem essas soft skills deixarão evidente, de alguma forma, seu desconforto com esse tipo de situação, mesmo que tentem disfarçar. Caso o entrevistado se mostre verdadeiramente disposto e capacitado para realizar qualquer tipo de função, ponto para ele.

7.6 Como desenvolver soft skills nos seus colaboradores?

Como vimos, não é difícil identificar as soft skills nos candidatos a novas posições na organização. Agora, veremos como desenvolver soft skills nos talentos que já são parte da estrutura organizacional. Pode parecer um grande desafio, mas, com as técnicas adequadas, é possível ajudar os colaboradores a desenvolverem suas habilidades.

Algumas técnicas recomendadas são:

1. Procure conscientizar os colaboradores sobre a importância das soft skills e como elas podem ajudá-los a obter mais sucesso, tanto no trabalho quanto na vida pessoal.
2. Provoque reflexões sobre quais novas habilidades sociais poderiam ajudá-los. Por exemplo: como a capacidade de comunicação assertiva pode ajudar um gestor a obter mais participação e resultados da sua equipe?
3. Invista no desenvolvimento das soft skills, oferecendo treinamentos com o objetivo de educar as equipes de trabalho. Essa é uma boa forma de reforçar o interesse da organização no sucesso de seus colaboradores e fortalecer a cultura organizacional.
4. Identifique os pontos fracos de cada membro da equipe para proporcionar um aprendizado personalizado. Também é importante não sobrecarregar o profissional e treinar uma habilidade de cada vez, para que o processo seja eficiente.
5. Demonstre confiança e, na medida em que seus colaboradores se desenvolvem, dê a eles mais responsabilidades. Mostre que acredita em seu potencial, e eles se sentirão mais estimulados a expor suas ideias e serem mais proativos.
6. Priorize o trabalho em equipe, pois a colaboração em prol de objetivos em comum é uma excelente maneira de desenvolver e aprimorar as habilidades sociais.

Entenda que desenvolver soft skills não é algo que se consiga rapidamente.

Pode ser necessário reforçar treinamentos e sempre oferecer apoio e as ferramentas necessárias para que eles se mantenham no caminho do desenvolvimento.

7.7 Quais ferramentas podem ser usadas no desenvolvimento de soft skills?

É fundamental investir em ferramentas que auxiliem no desenvolvimento das soft skills dos colaboradores. Elas podem ser aplicadas tanto no ambiente de trabalho quanto a distância, cobrindo cada aspecto do aprendizado e tornando-o mais dinâmico e eficiente. Veja algumas opções a seguir.

1. E-learning.

Essa ferramenta de aprendizagem a distância permite que os próprios colaboradores gerenciem seu tempo de aprendizagem e tenham acesso aos melhores conteúdos das melhores empresas e instituições do mundo, sem precisar deslocar-se grandes distâncias para isso.

Além disso, a ferramenta permite o uso de vídeos, onde os aprendizes podem observar comportamentos com mais atenção, podendo assistir quantas vezes for preciso para absorver seus conteúdos.

2. Plano de desenvolvimento individual.

Com o plano de desenvolvimento individual, é possível firmar um acordo entre gestor e colaborador para o desenvolvimento de habilidades. O objetivo, os meios e as metas são definidos previamente, e o profissional busca cumprir suas etapas e tarefas enquanto é acompanhado e avaliado pelo seu superior.

7.8 A liderança. A principal soft skill do profissional bem-sucedido.

A liderança é uma característica diferente, pois existem muitos profissionais que são bem-sucedidos e que não possuem essa competência e não podemos defini-la como uma característica obrigatória para ser bem-sucedido.

Muitos profissionais, extremamente talentosos naquilo que fazem se destacam pelo seu profissionalismo e são respeitados pelo seu trabalho. Mas não possuem as características do líder. Então por que mencionar aqui essa característica como fazendo parte do perfil do profissional do mundo moderno? É porque, apesar de não obrigatória para ser bem-sucedido, lhe abrirá maiores oportunidades de sucesso.

Um líder se destaca por estar sempre à frente do grupo. As pessoas reconhecem o líder como sendo um impulsionador dos demais. As decisões podem ser tomadas em conjunto, mas são os líderes que estarão à frente em levar adiante as decisões tomadas.

O líder sabe motivar outros. Pois quando ele está à frente do grupo ele consegue fazer com que os demais se superem.

Diante dos problemas que surgem é que os verdadeiros líderes se destacam, pois quando todos estão desnorteados, o líder é capaz de enxergar além do óbvio, encontrando soluções no inexplicável e com muita calma direcionar as pessoas para o lado certo, muitas vezes motivando-as a encontrarem por si só a solução para os problemas.

Temos inúmeros exemplos de pessoas que possuem uma atitude de liderança. Basta prestarmos atenção a um esporte e veremos que as equipes bem-sucedidas quase sempre possuem um líder que impulsiona os demais a atingirem os resultados.

Para o profissional, a liderança trará benefícios, pois não se encontra o líder apenas nos cargos de chefia, porque até mesmo onde trabalham apenas duas pessoas se uma delas for líder, as metas tendem a serem mais fáceis de serem alcançadas.

As empresas estão à procura de verdadeiros líderes e não apenas chefes, gerentes ou diretores. Ser chefe não é sinônimo de líder, pois inúmeros chefes, muitas vezes admirados por sua alta competência administrativa não consegue criar nos seus subordinados a motivação necessária para eles darem tudo de si. Uma empresa de sucesso não é feita somente de bons diretores, gerentes ou chefes, mas, também de grandes líderes.

Mas como age um líder? O líder com certeza não é aquele profissional que fica parado, olhando tudo acontecer a sua volta sem nada fazer. Não, o líder é participativo, questiona quando necessário, apoia as decisões tomadas e está à frente em ser exemplo aos demais profissionais da organização.

Infelizmente existem líderes, muitas vezes até com a característica inata, que ao invés de liderarem a favor do bem acabam usando sua liderança a favor do que é errado, ou seja, são aqueles profissionais que são os primeiros a se oporem as decisões tomadas dentro da organização e até mesmo influenciando outros profissionais a fazerem o mesmo.

E por mencionarmos o verbo "influenciar", essa capacidade é uma das melhores características do verdadeiro líder. Ele sabe falar e convencer, porque falar, todos sabem desde a tenra idade, mas ter a habilidade de influenciar no falar é bem diferente do que simplesmente falar. Vamos detalhar quais são as características principais do líder:

- Influencia as pessoas – O líder influencia as pessoas positivamente para que elas tenham motivação para alcançar seus próprios objetivos, bem como os da organização em que trabalha.
- É empático – Ele sabe se colocar no lugar dos outros, procurando entender os liderados e sabendo atender adequadamente às suas necessidades, levando em conta a sua formação, idade, grau de instrução, sexo, valores e outros fatores.
- Escuta as pessoas – Tira tempo para escutar as pessoas, em especial os subordinados, ao invés de apenas ouvi-las desinteressadamente. Isso é fundamental para se granjear o respeito deles.
- Aconselhamento – O líder deve ser um conselheiro, capaz de direcionar a equipe continuamente para o "norte verdadeiro", ou seja, a direção certa.
- Demonstra as ideias com clareza – Não basta ter ideias, se as pessoas não sabem dizer sobre elas. A clareza na colocação das ideias torna mais fácil a sua aceitação. Percebi muitas vezes que ao falar com as pessoas num dia, via no dia seguinte que elas não tinham entendido nada do que havia dito ou haviam compreendido de modo totalmente contrário ao que eu tinha dito, por isso procuro me certificar que as pessoas entenderam claramente aquilo que procurei expressar.

- É flexível – É importante que o líder seja flexível, sendo capaz de rever a tomada de decisão a favor da sua equipe, ou até mesmo diante de novas situações que surgem.
- Possui visão sistêmica – Visão sistêmica significa a visão do todo, conhecendo todo o processo ou sistema, ainda que não detalhado, a fim de compreender o funcionamento da empresa.
- Conhece o mercado – Conhecer o mercado como um todo, o que inclui concorrentes, fornecedores e clientes, assim como acompanhar as suas respectivas tendências faz parte das habilidades de um líder.
- Profissionalismo – Profissionalismo, como o próprio nome já diz, é ser profissional, respeitando as pessoas tratando-as adequadamente, sendo capaz de separar amizade e parentesco dos assuntos profissionais.
- Possui habilidades para lidar com adversidades – O líder é capaz de manter a calma e acalmar seus subordinados diante das maiores adversidades. Quando estamos sob pressão e alto estresse, a tendência é que tomemos decisões precipitadas, impensadas e errôneas. Além disso, quando o líder se desnorteia, a sua equipe perde o rumo. Portanto, é muito importante saber lidar com adversidades.

Cabe a você avaliar até que ponto você possui as características de um líder. Esse livro não vai abranger todos os aspectos de um líder, que talvez nem caberiam num livro, porque na verdade estamos falando de um conjunto de habilidades que compõem um grande profissional.

Pense sobre si mesmo e veja se não vale a pena aprimorar as suas qualidades para tornar-se um grande líder. Alguns são líderes, mas ainda não se deram conta disso, o que talvez possa ocorrer com você.

Caso você já tenha se convencido disso, agora é o momento de continuar a demonstrar que é um verdadeiro líder.

CAPITAL HUMANO NO TRABALHO

"O valor do capital humano no trabalho reside na capacidade das pessoas de trazerem conhecimentos, habilidades e experiências únicas para as organizações, impulsionando a inovação, a colaboração e o crescimento."

Forbes

8 ANDRAGOGIA – ENSINO DE ADULTOS.

De todos os seres da natureza, o homem é o único ser consciente pelos atos que pratica e o único que tem a capacidade de aumentar seus conhecimentos por vontade própria. Por isso é o mais desenvolvido de todos.

Dizer que a busca de novos conhecimentos cessa em determinado estágio da vida é uma grande ilusão. O homem necessita evoluir através de um aprendizado contínuo durante todo o seu viver.

Quando crianças, nossa educação e nossa aprendizagem são feitas pelos nossos pais e professores sendo que somos obrigados a aceitá-las como verdades absolutas e a autoridade de ambos não é questionada.

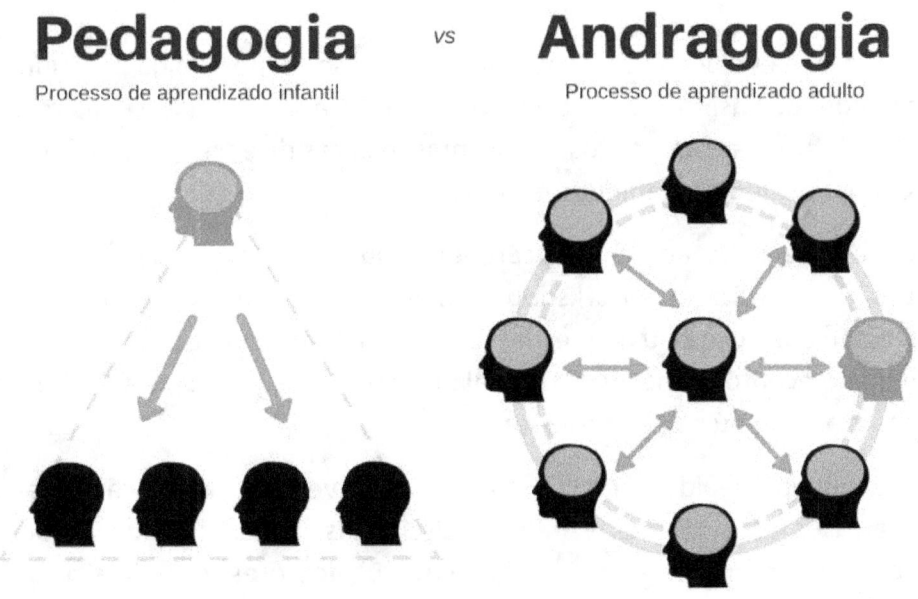

Figura 56 – Pedagogia Vs Andragogia.

Na adolescência, isto começa a mudar. Já não se aceita mais tudo que é imposto. Tudo passa a ser questionável. O jovem passa a rebelar-se e há o rompimento do "cordão umbilical". A autoridade dos pais e mestres já é questionada e, na escola, o aluno quer saber por que deve aprender esta ou aquela matéria.

Na idade adulta, passa-se a ter mais maturidade e independência. Nosso livre arbítrio e nossas crenças passam a ser responsáveis por nossas escolhas. Isto traz ao adulto experiências vivas onde aprende com seus próprios erros e acertos. Tem consciência do que não sabe e o quanto este desconhecimento lhe faz falta.

A Andragogia é a ciência e a arte da educação de adultos, enquanto a Pedagogia é a arte e a ciência da educação de crianças e adolescentes. Ambas formam a base da Antropologia, ou seja, a arte e a ciência de educar permanentemente o ser humano em qualquer período de seu desenvolvimento psicológico em função de sua vida cultural, ecológica e social.

Entretanto, a evolução do ser humano ainda não foi percebida por inúmeras instituições de ensino, no que diz respeito à educação. Escolas e universidades ainda aplicam, para os adultos, as mesmas técnicas de ensino empregadas nas escolas de ensino fundamental e médio.

Talvez aí esteja a razão de você, caro leitor ou leitora, participar de inúmeros cursos de atualização, workshops, congressos e eventos e ficar com a impressão que você saiu do mesmo jeito que você entrou, ou seja, na mesma, sem que o evento tenha lhe trazido algo significativo para aplicação imediata no seu trabalho ou na sua profissão.

Este fato foi percebido por Lindeman que escreveu: "...a educação do adulto será através de situações e não de disciplinas. Nosso sistema acadêmico cresce em ordem inversa: disciplinas e professores constituem o eixo educacional. Na educação convencional é exigido que o estudante se ajuste ao currículo estabelecido: na educação do adulto o currículo é constituído em função da necessidade do estudante. As matérias só devem ser introduzidas quando necessárias. Textos e professores têm um papel secundário neste tipo de educação; eles devem dar a máxima importância ao aprendiz".

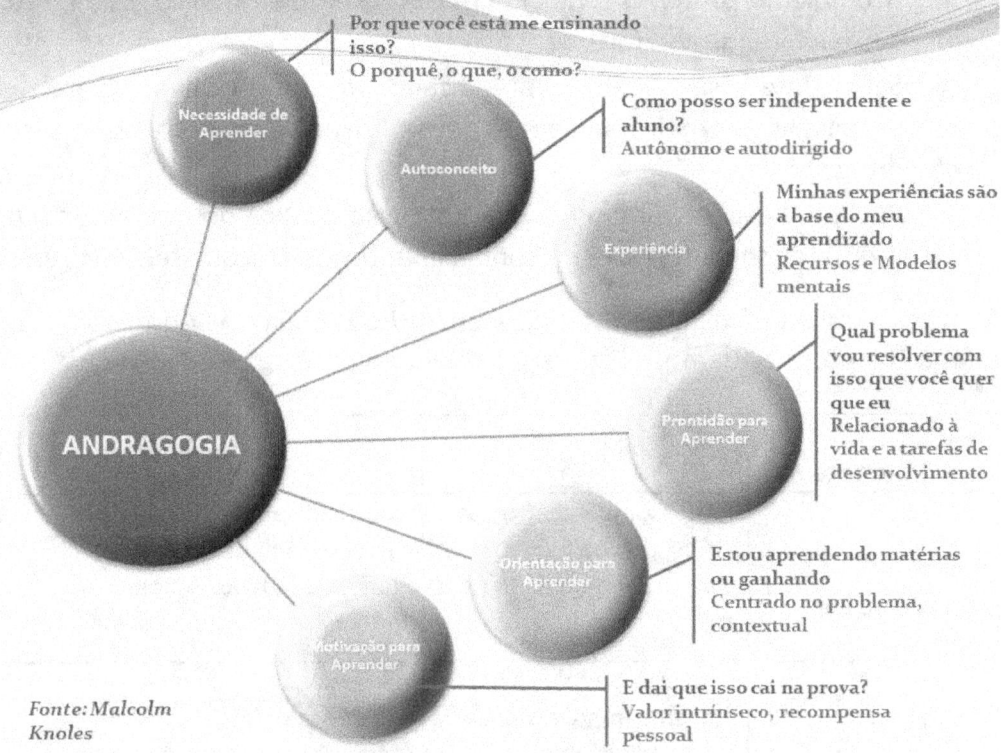

Figura 57 – Andragogia.

Para mais, segue o autor: "...a força de maior valor na educação do adulto é a experiência do aprendiz", e termina afirmando: "Ensino autoritário, exames que predeterminam o pensamento original, fórmulas pedagógicas rígidas – tudo isto não tem espaço na educação do adulto. Adultos que desejam manter sua mente fresca e vigorosa começam a aprender através do conflito de situações. Buscam seus referenciais nos reservatórios de suas experiências, antes mesmo das fontes de textos e fatos secundários. São conduzidos a discussões pelos professores, os quais são, também, referências de saber e não oráculos".

De acordo com Knowles, à medida que se tornam adultos e maduros, as pessoas sofrem transformações, como:

- Tornam-se indivíduos independentes auto direcionados.
- Acumulam experiências de vida que vão ser fundamento e substrato de seu aprendizado futuro.
- Seus interesses pelo aprendizado se direcionam para o desenvolvimento de habilidades que utiliza no seu papel social, na sua profissão.
- Passam a esperar uma imediata aplicação prática do que aprendeu, reduzindo seu interesse por conhecimentos que serão úteis no futuro.

Por isto, as características da aprendizagem na Pedagogia e na Andragogia são diferentes, como podemos observar no quadro abaixo.

Características da aprendizagem	Pedagogia	Andragogia
Relação professor/aluno.	Professor é o centro das ações, decide o que ensinar, como ensinar e avaliar a aprendizagem.	A aprendizagem adquire uma característica mais centrada no aluno, na independência e na autogestão da aprendizagem.
Razões da aprendizagem.	Crianças e adolescentes devem aprender o que a sociedade espera que saibam, seguindo um currículo padronizado.	As pessoas aprendem o que realmente precisam saber (aprendizagem para a aplicação prática na vida diária).
Motivação.	A motivação para a aprendizagem é fundamentalmente resultado de estímulos externos ao aluno, como notas, classificações escolares e apreciações do professor.	Os adultos são sensíveis a estímulos de natureza externa (notas, etc.), mas são os fatores de ordem interna que os motivam para a aprendizagem (satisfação, auto-estima, qualidade de vida, etc).
Experiência do aluno.	O ensino é didático, padronizado e a experiência do aluno tem pouco valor.	A experiência é uma fonte rica de aprendizagem, através da discussão e da solução de problemas feita em grupo.

	Aprendizagem por assunto ou matéria.	Aprendizagem baseada em problemas, exigindo ampla gama de conhecimentos para se chegar à solução.
Orientação da aprendizagem.		
Vontade de aprender.	A finalidade é obter o êxito e progredir em termos escolares.	Os adultos estão dispostos a iniciar um processo de aprendizagem desde que compreendam sua utilidade para melhor enfrentar problemas reais de sua vida pessoal e profissional.

Tabela 2 - Características da aprendizagem.

Percebe-se claramente que na atividade andragógica o ponto de vista cultural, profissional e social é a confrontação de experiências de dois adultos, daquele que educa (facilitador) e daquele que é educado (aprendiz). Desaparece a diferença entre ambos vistos que são adultos com experiências e igualados no processo dinâmico da sociedade.

Na Andragogia, o conceito tradicional, onde um ensina e o outro aprende, um sabe e o outro não sabe, teoricamente deixa de existir para se tornar uma ação recíproca onde, muitas vezes, o facilitador (professor) é quem aprende.

O professor necessita ter a humildade suficiente para, além de se tornar um aprendiz, transformar-se em tutor eficiente para demonstrar a importância prática do assunto a ser estudado; transmitir o entusiasmo pelo aprendizado; mostrar como aquele conhecimento fará diferença na vida dos alunos; e, enfatizar que aquele aprendizado irá mudar suas vidas e a de outras pessoas.

Se o professor necessita mudar, o aprendiz necessita iniciar o processo mudando seus próprios valores, suas crenças (desaprender para aprender) e aprender a ter flexibilidade, para que aumente sua capacidade de aprendizado. E isto ele só vai conseguir com uma mudança nas suas atitudes.

Todos estes princípios já estão sendo empregados em firmas, fábricas etc. através dos departamentos de Relações Humanas. Métodos administrativos de CQT (controle de qualidade total) já preveem e aproveitam estas características dos adultos, que são estimulados, em reuniões periódicas, a discutir os problemas nos diferentes setores e processos de suas responsabilidades, suas causas e possíveis soluções que serão implementadas e reavaliadas posteriormente.

Não devemos esquecer que as faculdades recebem adolescentes como calouros que irão se transformar em adultos ao final do curso. Isto implica que o trabalho, durante o curso de graduação, fica no limite entre a Pedagogia e a Andragogia.

Portanto, deveria haver um meio termo, onde fossem preservadas as características positivas da Pedagogia e introduzidas as inovações eficientes da Andragogia. O aprendiz deve ter enfatizada a necessidade e a capacitação para uma aprendizagem contínua ao longo de sua vida, para se tornar um profissional mais competente, com autoestima elevada, seguro de suas habilidades e comprometido com a sociedade que irá servir.

É isto que vai fazer o sucesso deste tipo de aprendizado. Enquanto a Pedagogia é aprendizado em mão única, a Andragogia é aprendizado em mão nos dois sentidos.

8.1 Andragogia nas empresas

A Andragogia, como afirmamos anteriormente, é a ciência e a arte da educação de adultos, possuindo características básicas totalmente diferentes da Pedagogia.

Fundamentalmente, o ensino é baseado na troca de experiências entre dois adultos, o que educa (facilitador) e o que é educado (aprendiz), sendo que ambos se empenham na solução de problemas daquilo que realmente necessitam saber para aplicar no seu dia a dia.

Nos dias de hoje, um contingente cada vez maior de pessoas não pretende parar de trabalhar mais cedo. E, como o mundo corporativo é um mundo em constante transformação, pode-se inferir que, à medida que as pessoas envelhecem e continuam trabalhando por mais tempo, maiores as oportunidades para seguir aprendendo de forma constante e contínua.

O homem, por sua própria natureza, pode continuar aprendendo durante toda a sua vida. E este aprender contínuo é que irá produzir modificações, mesmo em plena velhice, de suas crenças, costumes, hábitos e opiniões. Por isso os adultos possuem mais "experiência de vida" do que os mais jovens, tanto em número, como em diversidade.

Figura 58 – Andragogia.

Pessoas mais velhas, ao formarem grupos, mostram uma heterogeneidade ímpar no que diz respeito aos seus conhecimentos, interesses, necessidades etc. Para o ensino andragógico, esta é uma oportunidade única visto que este grupo se torna uma fonte viva para consultas e trocas de experiências. E tudo isso pode e deve ser explorado pelos membros do grupo através de discussões, simulações, apresentações de casos etc., ou seja, aprendizagem baseada em problemas específicos.

Portanto, o papel do professor (facilitador) é fundamental. Ele necessita mostrar aos alunos (aprendizes) a importância do assunto e abordá-lo de forma entusiasta. Deve mostrar que aquilo é importante e que fará diferença em suas vidas, mudando-a para melhor tanto nos seus aspectos pessoais como profissionais.

No ensino andragógico, outro fator fundamental é a motivação. Especialmente nas corporações, a motivação é estimulada por fatores externos, como premiações, perspectivas de promoções etc. Mas, a motivação mais marcante e intensa advém de estímulos internos, pois o adulto aprendiz terá mais satisfação pelo trabalho realizado, terá elevada sua autoestima e, sem dúvida, melhorará sua qualidade de vida.

Entretanto, existem fatores que podem dificultar, ou mesmo impedir, o aprendizado dos adultos. Disponibilidade de tempo, acesso a bibliotecas, laboratórios, serviços, internet etc., podem se constituir em fatores limitantes desta aprendizagem. Portanto, empresas que puderem disponibilizar estes itens certamente contribuirão de forma significativa para o sucesso de todo o processo.

8.2 Alguns princípios básicos

De acordo com Ari B. de Oliveira, a Andragogia possui alguns princípios básicos:

- Compartilhar experiências é fundamental para o adulto, tanto para reforçar suas crenças como para influenciar as atitudes dos outros:
- A relação educacional do adulto é baseada entre o facilitador e o aprendiz, onde ambos aprendem entre si, em clima de liberdade e pró-ação.
- O foco central é a aprendizagem, jamais o ensino.
- Aprender significa adquirir conhecimento, habilidade e atitude.
- O processo de aprendizagem se desenvolve na seguinte ordem: sensibilização (motivação), pesquisa (estudo), discussão (esclarecimento), experimentação (prática), conclusão (convergência) e compartilhamento (sedimentação).

- O diálogo é a essência do relacionamento: portanto, a comunicação só se efetiva através dele.
- Professor (facilitador) e aluno (aprendiz) compartilham o conhecimento de um com a experiência do outro. Fica difícil distinguir quem aprende mais, se o professor ou o aluno.
- O professor necessita ter humildade suficiente para "descer do pedestal de sua cátedra" e se situar no mesmo plano de aprendizagem para, através do compartilhamento, se desenvolver junto com o aluno.
- O aluno (aprendiz) deve ter consciência que também necessita mudar seus valores e suas crenças (aprender a desaprender para reaprender) e ter mais flexibilidade para aumentar sua capacidade de aprendizado.
- O aluno (aprendiz) deve estar motivado para uma aprendizagem ao longo de toda a sua vida, tornando-se, com o passar dos anos, mais competente, seguro de suas habilidades e comprometido com a sociedade na qual vive e serve.

Partindo-se da observação de Miller que afirma: "adultos retêm apenas 10% do que ouvem após 72 horas, mas são capazes de lembrar 85% do que ouvem, veem e fazem após as mesmas 72 horas", fica claro que o ouvir e o fazer tornam-se os procedimentos fundamentais na aprendizagem de adultos.

Todos os princípios acima mencionados, de acordo com Roberto de A. Cavalcanti, já estão sendo empregados na área de recursos humanos "onde a gestão baseada em modelos andragógicos vem substituir o controle burocrático e hierárquico, aumentando o comprometimento, a autoestima, a responsabilidade e a capacidade de grupos de funcionários resolverem seus problemas no trabalho".

Para Rodrigo Goecks, "os conceitos andragógicos estão sendo expandidos para as áreas de gestão de pessoas, planejamento estratégico, marketing, comunicação, processos de qualidade etc. Desde simples reuniões até complexos projetos de planejamento estratégico estão seguindo métodos baseados em conceitos andragógicos.

As empresas já perceberam as vantagens e rapidamente implantaram programas de formação para transformar seus funcionários em facilitadores permanentes dentro das organizações".

Desta forma, todos os colaboradores envolvidos nos problemas da corporação irão à busca de soluções através de reuniões, troca de idéias, descrição de experiências e vivências pessoais, simulações e apresentação de casos com o intuito de resolver problemas específicos.

Nos dias de hoje, onde competitividade e produtividade são as palavras "da hora", as corporações necessitam estar cada vez mais preparadas, o que implica na necessidade do aprendizado constante de seus colaboradores. E é dentro deste contexto que as práticas andragógicas assumem papel fundamental. E onde se encaixam o perfil dos líderes e o papel da liderança.

Este deverá ser o papel do novo líder, o de ser o responsável pelo aprendizado dos membros de sua equipe; uma pessoa que possa entender e acelerar a aprendizagem e, ao mesmo tempo, incentivar e integrar o pensar de seus membros e tirar deles o melhor que possuem em benefício de todos.

Stephen Covey (7), autor do *8º Hábito - Da eficácia à Grandeza,* afirma que aprendemos melhor quando ensinamos outra pessoa e que a melhor maneira de fazer as pessoas aprenderem é transformá-las em professores, ou seja, cada aprendiz se torna um professor e cada professor, um aprendiz.

Esta conduta, ao ensinar ou compartilhar o que se aprende com outras pessoas, leva-nos, de forma implícita, a assumir um compromisso de viver aquilo que se aprendeu. E isto "é a base para aprofundar o aprendizado, a dedicação e a motivação, tornando legítima a mudança e engajando o apoio da equipe", como também afirma Covey (7).

8.3   Administração em RH

Muitas corporações através de seus departamentos de RH, já estão se dando conta que uma gestão baseada em um modelo andragógico traz vantagens como: substituição do controle burocrático e hierárquico, maior comprometimento, elevação da autoestima e aumento da responsabilidade e capacidade de seus colaboradores (sozinhos ou em grupos) alcançarem as soluções de seus problemas para um melhor desempenho de suas atividades.

Com esta conduta, os funcionários são estimulados em reuniões periódicas onde são discutidos os problemas, buscadas suas causas, pesquisadas as possíveis soluções a serem implantadas ou implementadas e, finalmente, reavaliadas *a posteriori* em intervalos periódicos.

E, será neste clima, que as pessoas buscarão, em suas próprias experiências e em outras fontes, a construção de um novo conhecimento para a solução de seus problemas.

8.4 Confronto de gerações

Existe uma tendência atual das corporações em selecionar colaboradores mais jovens, os quais, por seu desempenho, poderão assumir posições de chefia até antes de completar trinta anos de idade.

Embora os números indiquem que 41% dos cargos executivos seja formado por pessoas entre 46 e 55 anos, 7% deste contingente é representado por profissionais com idade entre 25 e 35 anos.

O que pode representar para estes jovens um salário maior e outro tipo de *status*, também pode apresentar aspectos negativos no momento de liderar e de se relacionar com subordinados mais velhos. Por outro lado, pessoas mais velhas podem não se render a um chefe mais jovem, seja por preconceito, seja por rebeldia.

Neste tipo de situação, a pergunta é: como conviver de forma harmoniosa?

A resposta pode estar na Andragogia. Ou seja, o jovem, ousado e com novas ideias, seria o receptor das experiências dos mais velhos e estes, por sua vez, seriam os aprendizes do que de novo o mais jovem estaria trazendo para sua empresa.

CAPITAL HUMANO NO TRABALHO

Se o chefe mais jovem assumiu na semana passada, nada mais justo que os mais velhos devam lhe dar ciência de tudo o que for necessário para o bom desempenho e crescimento de toda a equipe. Já o mais jovem enriquecerá a equipe com novas ideias e novos desafios que também deverão ser compartilhados em busca de soluções e onde todos, equipe e empresa, lucrem em conjunto.

O chefe, o líder, independentemente de sua idade deverá conquistar a confiança dos seus subordinados, procurar conhecer cada um, manter diálogos constantes com todos os membros da equipe e, todos juntos, estabelecerem os planos de ação requeridos.

Aprender uns com os outros passa a ser a palavra de ordem nestes casos, independentemente do cargo e da idade de cada um dos membros da equipe. E esta relação constituir-se-á em um exemplo vivo da Andragogia.

O homem necessita ter uma postura de aprendizado constante, aprendizado este que não acaba na escola e nem na faculdade, mas constitui-se em uma ação constante ao longo da vida.

Em suma: aprender sempre são palavras que movem o mundo corporativo e o "mundo" pessoal de cada ser humano.

É de Leonardo Da Vinci a frase: "Aprender é a única coisa de que a mente nunca se cansa, nunca tem medo e nunca se arrepende".

Finalizando, tenhamos sempre em mente o ensinamento de Erasmo de Rotterdam, filósofo holandês que viveu entre 1466 e 1536, que afirmou: "o amor recíproco entre quem aprende e quem ensina é o primeiro e mais importante degrau para se chegar ao conhecimento".

"O verdadeiro valor do capital humano está na sua capacidade de adaptar-se, aprender e crescer junto com as mudanças do mercado, tornando-se uma vantagem competitiva para as organizações."

Fonte: Gartner

9 CONCLUSÃO.

Programas formais de aprendizagem e desenvolvimento que preparam os colaboradores para funções futuras fazem parte disso, mas é difícil torná-los eficazes.

Empresas que são verdadeiras organizações de aprendizagem constroem suas próprias fórmulas, personalizadas às suas necessidades.

Todos nós passamos por uma mudança em nossas prioridades e um ajuste de nossos ideais. As pessoas apreciam quando você tem a flexibilidade de agendar seu filho ou pai idoso para que eles possam estar presentes.

Eles estão procurando um local onde sua humanidade seja apreciada, e eles são mais do que um número. Estimule o tempo e faça tudo o que estiver ao seu alcance para fornecer um cronograma flexível em uma área que requer cobertura adequada, o problema na mesa, e exorte sua equipe a identificar o desafio de planejamento. Eles podem ter ideias únicas que você ainda não pensou.

Figura 59 – O Valor do Capital Humano.

CAPITAL HUMANO NO TRABALHO

É inerentemente humano que alguém precise se sentir significativo, respeitado, querido e apreciado. Os funcionários que se sentem importantes tendem a trabalhar mais e permanecem na organização por mais tempo.

No trabalho, sentir-se importante e significativo é essencial para o prazer e a motivação.

Eles geralmente são alegres e vão além.

Figura 60 – Dilbert e o mundo corporativo.

10 PERGUNTAS FREQUENTES.

1. Por que a valorização do capital humano é importante para as empresas?

A valorização do capital humano é fundamental para as empresas pois os colaboradores são considerados um dos principais ativos da organização, contribuindo diretamente para a produtividade, inovação e competitividade no mercado.

2. Quais são os benefícios de investir no desenvolvimento e capacitação dos colaboradores?

Investir no desenvolvimento e capacitação dos colaboradores pode resultar em aumento da motivação, engajamento, satisfação no trabalho, retenção de talentos e melhoria do desempenho individual e organizacional.

3. Como a valorização do capital humano impacta a cultura organizacional?

A valorização do capital humano pode impactar positivamente a cultura organizacional, promovendo a colaboração, o respeito, a diversidade, a inovação e a construção de um ambiente de trabalho saudável e motivador.

4. De que forma a valorização do capital humano influencia a imagem e reputação da empresa?

A valorização do capital humano pode contribuir para uma imagem positiva da empresa perante colaboradores, clientes e sociedade, demonstrando comprometimento com o bem-estar e o desenvolvimento das pessoas.

5. Quais estratégias as empresas podem adotar para valorizar o capital humano?

CAPITAL HUMANO NO TRABALHO

As empresas podem adotar estratégias como programas de desenvolvimento de liderança, treinamentos personalizados, feedback construtivo, reconhecimento dos colaboradores e promoção de um ambiente de trabalho inclusivo e colaborativo.

6. Como a valorização do capital humano pode contribuir para a retenção de talentos?

Quando os colaboradores se sentem valorizados e reconhecidos, estão mais propensos a permanecer na empresa, reduzindo a taxa de turnover e a necessidade de recrutamento e treinamento de novos funcionários.

7. Qual o papel dos líderes e gestores na valorização do capital humano?

Os líderes e gestores têm um papel fundamental na valorização do capital humano, sendo responsáveis por promover um ambiente de trabalho positivo, oferecer suporte, feedback e oportunidades de desenvolvimento aos colaboradores.

8. Como a valorização do capital humano está alinhada com a estratégia de negócios da empresa?

A valorização do capital humano está alinhada com a estratégia de negócios da empresa quando as ações de desenvolvimento e engajamento dos colaboradores estão integradas aos objetivos organizacionais, contribuindo para o alcance das metas e resultados planejados.

9. Quais indicadores podem ser utilizados para mensurar o impacto da valorização do capital humano nas empresas?

Alguns indicadores que podem ser utilizados para mensurar o impacto da valorização do capital humano nas empresas incluem a produtividade dos colaboradores, a taxa de retenção, o índice de satisfação no trabalho, o nível de engajamento e a performance organizacional em geral.

10. Como a valorização do capital humano pode ser um diferencial competitivo para as empresas?

A valorização do capital humano pode ser um diferencial competitivo para as empresas ao proporcionar um ambiente de trabalho atrativo, com colaboradores motivados, engajados e capacitados, capazes de impulsionar a inovação, a qualidade dos produtos e serviços e a fidelização dos clientes, conferindo à empresa uma vantagem no mercado.

11. O que são as soft skills e por que são importantes para o capital humano nas empresas?

As soft skills são habilidades comportamentais e emocionais que influenciam diretamente as interações e o desempenho dos colaboradores. Elas são fundamentais para o capital humano nas empresas, pois contribuem para o desenvolvimento de relações interpessoais saudáveis, comunicação eficaz, liderança, resolução de conflitos e trabalho em equipe.

12. Como as soft skills podem impactar a cultura organizacional e o engajamento dos colaboradores?

As soft skills têm o poder de impactar positivamente a cultura organizacional ao promover a empatia, o respeito, a colaboração e a diversidade. Colaboradores que possuem e desenvolvem suas soft skills tendem a se engajar mais, contribuir de forma significativa para a equipe e se sentir mais conectados com os valores e objetivos da empresa.

13. Quais são exemplos de soft skills valorizadas no ambiente corporativo?

Alguns exemplos de soft skills valorizadas no ambiente corporativo incluem empatia, comunicação eficaz, pensamento crítico, habilidades de resolução de problemas, adaptabilidade, habilidades de liderança, trabalho em equipe, criatividade e inteligência emocional.

14. De que forma as soft skills podem contribuir para a produtividade e eficiência dos colaboradores?

As soft skills podem contribuir para a produtividade e eficiência dos colaboradores ao melhorar a comunicação, facilitar a resolução de problemas, promover a colaboração entre equipes, incentivar a inovação, aumentar a capacidade de adaptação a mudanças e fortalecer as relações interpessoais no ambiente de trabalho.

15. Como as soft skills podem ser desenvolvidas e aprimoradas pelos colaboradores?

As soft skills podem ser desenvolvidas e aprimoradas por meio de treinamentos, coaching, feedback, prática e autoconhecimento. O desenvolvimento das soft skills requer esforço contínuo e dedicação por parte dos colaboradores, que podem se beneficiar tanto no âmbito profissional quanto pessoal.

16. Qual é o papel dos líderes e gestores na promoção da valorização das soft skills no capital humano das empresas?

Os líderes e gestores têm um papel fundamental na promoção da valorização das soft skills no capital humano das empresas. Eles devem incentivar e reconhecer a importância das habilidades comportamentais e emocionais nos colaboradores, demonstrando um exemplo vivo do valor dessas competências no ambiente de trabalho.

17. Como as soft skills podem ser um diferencial competitivo para as empresas no mercado atual?

As soft skills podem ser um diferencial competitivo para as empresas no mercado atual, pois colaboradores com competências como comunicação eficaz, empatia, resolução de conflitos e liderança são capazes de lidar com desafios de forma mais eficaz, contribuindo para a inovação, a produtividade e a satisfação do cliente.

18. Quais são os benefícios de ter colaboradores com forte desenvolvimento de soft skills?

Os benefícios de ter colaboradores com forte desenvolvimento de soft skills incluem a melhoria da comunicação interna e externa, a construção de relações interpessoais mais saudáveis, o aumento da eficácia na resolução de problemas, a promoção de um ambiente de trabalho colaborativo e a redução de conflitos.

19. Como as soft skills podem ser avaliadas e integradas aos processos de seleção e desenvolvimento de colaboradores?

As soft skills podem ser avaliadas por meio de entrevistas comportamentais, testes psicológicos, feedback de colegas e gestores, entre outras ferramentas. Além disso, as empresas podem integrar as soft skills aos processos de seleção, avaliação de desempenho e programas de desenvolvimento profissional.

20. Qual é a importância de fomentar o desenvolvimento contínuo das soft skills entre os colaboradores?

Fomentar o desenvolvimento contínuo das soft skills entre os colaboradores é essencial para acompanharem as demandas do mercado, se adaptarem a novos desafios, promoverem um ambiente de trabalho colaborativo e inovador, e se destacarem como profissionais completos e competentes no mercado de trabalho atual.

21. O que diferencia a andragogia da pedagogia?

A andragogia é a abordagem de ensino voltada para adultos, enquanto a pedagogia é direcionada para crianças e adolescentes. A andragogia considera as experiências, motivações e necessidades dos adultos, promovendo a autonomia e a autorresponsabilidade no processo de aprendizagem.

22. Quais são os princípios básicos da andragogia?

Alguns princípios básicos da andragogia incluem a valorização da experiência dos adultos, o estímulo à autodireção no aprendizado, a aplicação imediata do conhecimento, o respeito pelo ritmo e estilo de aprendizagem de cada indivíduo e a colaboração entre alunos e professores.

23. Como a andragogia pode ser aplicada no ambiente corporativo?

A andragogia pode ser aplicada no ambiente corporativo por meio de programas de treinamento e desenvolvimento voltados para adultos, que considerem as experiências prévias, as necessidades individuais e as demandas do mercado de trabalho, promovendo uma aprendizagem significativa e aplicável.

24. Quais são as estratégias eficazes de ensino baseadas na andragogia?

Entre as estratégias eficazes de ensino baseadas na andragogia estão a promoção da participação ativa dos alunos, a aplicação de casos práticos, o estímulo à reflexão e à discussão, a valorização da aprendizagem colaborativa e a utilização de tecnologias educacionais.

25. Como a andragogia pode contribuir para o desenvolvimento profissional dos adultos?

A andragogia contribui para o desenvolvimento profissional dos adultos ao promover uma aprendizagem mais autônoma, relevante e significativa, que permite a aplicação imediata do conhecimento no ambiente de trabalho, favorecendo o crescimento pessoal e profissional dos indivíduos.

26. Quais são os desafios encontrados na aplicação da andragogia no contexto educacional?

Alguns desafios encontrados na aplicação da andragogia no contexto educacional incluem a resistência à mudança de paradigmas educacionais tradicionais, a adaptação de professores e instituições de ensino ao novo modelo de aprendizagem, a personalização do ensino para atender às necessidades individuais dos adultos e a integração eficaz de tecnologias no processo de ensino e aprendizagem.

27. Qual é o papel do professor na abordagem andragógica?

O papel do professor na abordagem andragógica é o de facilitador do processo de aprendizagem, atuando como guia, mediador e apoiador dos adultos em seu percurso educacional. O professor estimula a reflexão, a autonomia e o engajamento dos alunos, promovendo um ambiente de aprendizagem colaborativo e significativo.

28. Como a andragogia pode promover a motivação dos adultos no processo de aprendizagem?

A andragogia promove a motivação dos adultos no processo de aprendizagem ao reconhecer e valorizar suas experiências, necessidades e objetivos individuais, proporcionando um ensino personalizado, relevante e aplicável à sua realidade profissional e pessoal, o que estimula o engajamento e a perseverança na busca pelo conhecimento.

29. De que forma a andragogia pode ser aplicada no ensino à distância?

A andragogia pode ser aplicada no ensino à distância por meio de plataformas educacionais interativas, conteúdos personalizados, metodologias ativas de ensino, fóruns de discussão e atividades colaborativas, que promovem a autonomia, a autogestão e a aprendizagem significativa dos adultos, independentemente da distância física.

30. Quais são os benefícios da aplicação da andragogia no ensino superior?

Os benefícios da aplicação da andragogia no ensino superior incluem a promoção da autoconfiança e da autorresponsabilidade dos alunos, o desenvolvimento de competências críticas e reflexivas, a aplicação prática do conhecimento acadêmico e a preparação dos estudantes para

10 REFERÊNCIAS BIBLIOGRÁFICAS.

ANDERLA, G. (1979). A informação em 1985. Rio de Janeiro: CNPq/IBICT, 1979.

ANTON, A. I., McCRACKEN, W. M., POTTS, C., 1994. "Goal Decomposition and Scenario Analysis in Business Process Reengineering". In: Proceedings of the 6th International Conference on Advanced Information Systems Engineering (CAiSE'94), Springer, Utrecht, NL (Jun), pp. 94-104.

ARAUJO, V.M.R.H. de. (1991). Informação: instrumento de dominação e de submissão. Revista Ciência da Informação, v. 20, n. 1, p. 37-44, jan./jun.

ARAUJO, V.M.R.H. de. (1995) Sistemas de Informação: nova abordagem teórico conceitual. Revista Ciência da Informação, v. 24, n. 1, p. 37-44.

ÁVILA, Thiago J. T. 2015. Uma proposta de modelo de processo para publica¸c~ao de Dados Abertos Conectados Governamentais. Disponível em: http://www.consultaesic.cgu.gov.br/busca/dados/Lists/Pedido/Attachments/5 71437/RESPOSTA_PEDIDO_Thiago%20Avila%20-%20Dissertao%20-%20PPGMCC.pdf. Acesso em 12 dez.2019.

BARRETO, A. A. (1996) Eficiência técnica e econômica e a viabilidade de produtos e serviços de informação. Revista Ciência da Informação, v.25. n.3, p.405-414, set/dez.

BAUMAN, Zygmunt. Vida para Consumo: a transformação das pessoas em mercadoria. Rio de Janeiro: Zahar, 2008.

BELKIN, N.J. (1978). Information concepts for information science. Journal of Documentation, v. 34, n. 1, p. 55-85.

BELKIN, N.J., ROBERTSON, S.E. (1976) Information science and the phenomenon of information. Jasis, v.27, n.4, p.197-204.

BELL, T. E., THAYER, T. A., 1976. "Software Requirements: Are They Really a Problem?". In: Proceedings of International Conference on Software Engineering (ICSE-2), San Francisco, CA, pp. 61-68.

BIARNÈS, Jean. Universalité, Diversité e Sujet dans l'espace Pédagogique. Paris: L'Harmattan, 1999.

BOURDIEU, Pierre. Excluídos do Interior. In: NOGUEIRA, Maria Alice; CATANI, Afrânio (Org.). Escritos de Educação. [S.l.:s.n.], 1998. P. 217-227.

BRETON, P. & PROULX S. (1989). L'explosion de la communication. la naissance d'une nouvelle idéologie. Paris: La Découverte.

BUBENKO, J. A., WANGLER, B., 1993. "Objectives Driven Capture of Business Rules and of Information System Requirements". IEEE Systems Man and Cybernetics'93 Conference, Le Touquet, France.

BUENO, Maria Sylvia Simões. Políticas Atuais para o Ensino Médio. Campinas: Papirus, 2000.

CASTRO, J., KOLP, M., MYLOPOULOS, J., 2002. "Towards Requirements-Driven Information Systems Engineering: The TROPOS Project". Information Systems 27(6): 365-389.

CASTRO, J.; KOLP, M.; MYLOPOULOS, J., 2001. "A requirements-driven development methodology". In: Proceedings of the 13th International Conference on Advanced Information Systems Engineering (CAiSE-01), Interlaken, Switzerland.

CAVALCANTI, R. A. Andragogia: a aprendizagem nos adultos. Disponível em: http://www.rau-tu.unicamp.br/nou-rau/ead/documentt/view=2

CHARLOT, Bernard. Da Relação com o Saber: elementos para uma teoria. Porto Alegre: Artmed, 2000.

CHARLOT, Bernard. Relação com o Saber, Formação dos Professores e Globalização: questões para a educação hoje. Porto Alegre: Artmed, 2005. CHARLOT, Bernard. A Relação com o Saber nos Meios Populares: uma investigação nos Liceus profissionais no subúrbio. Portugal: Legis Editora, 2009a. CHARLOT, Bernard. A Escola e o Trabalho dos Alunos. Sísifo. Revista de Ciências da Educação, São Paulo, n. 10, p. 89-96, 2009b.

CHERRY, C. (1974) A comunicação humana. São Paulo: Cultrix, Ed. da USP.

CHUNG, L., NIXON, B., YU, E., MYLOPOULOS, J., 2000. Non-Functional Requirements in Software Engineering. Kluwer Publishing.

CIAVATTA, Maria (Org.). Ensino Médio: ciência, cultura e trabalho. Brasília: Secretaria da Educação Média e Tecnológica/MEC/SEMTEC, 2004. P. 73-91. SPOSITO, Marília;

COMPUTER, 1985. Special Issue on Requirements Engineering, IEEE Computer.

COSTA, Marisa Vorraber. Entrevista realizada por Francisco Eboli com RAMOS DO Ó, Jorge e com COSTA, Marisa Vorraber. Desafios à escola contemporânea: um diálogo. Revista Educação e Realidade, Porto Alegre, v. 32, n. 2, p. 109-116, jul./dez. 2007.

COVEY, S.R. – O 8º hábito. Da eficácia à grandeza. Rio de Janeiro, Elsevier, 2005.

CYSNEIROS, L. M., LEITE, J., 2001. "Using the Language Extended LExicon to Support NFR Elicitation". In: Proceedings of the 5th Workshop on Requirements Engineering, Buenos Aires, Argentina (Nov).

DARDENNE, A., VAN LAMSWEERDE, A., FICKAS, S., 1993. "Goal Directed Requirements Acquisition". Science of Computer Programming, 20, pp.3-50.

DAVIES, T. 2010. Open data, democracy and public sector reform. Dissertação – University of Oxford, Oxford. Disponível em: http://www.opendataimpacts.net/report/. Acesso em 29 nov. 2019.

DOBSON, J. S., 1992. "A Methodology for Managing Organizational Requirements". University of Newcastle upon Tyne, UK.

DORFMAN, M., THAYER, R. H., 1990. Standards, Guidelines and Examples of System and Software Requirements Engineering. Los Alamitos, CA, IEEE Computer Society Press.

DOURADO, Luiz Fernandes; OLIVEIRA, João Ferreira de. A Qualidade da Educação: perspectivas e desafios. Caderno CEDES [online], Campinas, v. 29, n. 78, p. 201-215, 2009.

DRUCKER, P. (1993) Post-capitalist society. Harder Business, New York.

DRUCKER, Peter. (1995). Administrando tempos de grandes mudanças. São Paulo: Ed. Pioneira, Cap.12 As informações que os executivos necessitam, p.75-89.

ELMASRI, R.; WUU, Gene T. J.; KORAMAJIAN, Vram. 1993. A Temporal Model and Query Language for EER Databases. In: Tansel, A. et al. Temporal Databases: theory, designs and implementation. Redwood City: The Benjamim/Cummings Publishing, p.212-229.

ELMASRI, R; KOURAMA-JIAN, Vram. 1992. A Temporal Query Language Based on Conceptual Entities and Roles. In International Conference on the Entity Relationship Approach, 11, 1992, Karlsruhe, Germany. Proccedings Berlin: Springer Verlag, p.375-388. (Lecture Notes in Computer Science, v.645).

FERG, S. 1985. Modeling the Time Dimension in an Entity-Relationship Diagram. In 4th International Conference on the Entity-Relationship Approach, p. 200-286, Silver Spring, MD. Computer Society Press.

GALVÃO, Izabel. A Experiência e as Percepções de Jovens na Vida Escolar na Encruzilhada das Aprendizagens: o conhecimento, a indisciplina, a violência. Perspectiva, Florianópolis, v. 22, n. 02, p. 345-380, jul./dez. 2004.

GAUCHET, Marcel. Les Sens des Savoirs en Question. Conferência apresentada no dia 7 nov. 2005. <http://www.diffusion.ens.fr/index>. Acesso em: 3 abr. 2006.

GOECKS, R. – Educação de adultos – Uma abordagem andragógica. Disponível em: www.serprofessoruniversitario.pro.br/ler.php?modulo=18texto=4

HEILPRIN, L. B. (1989) Foundations of Information Science reexamined. Annual Review of Information Science and Technology, v.24, p. 343-372.

HELBIG C, RINK K, Marx A, PRIESS J, FRANK M, KOLDITZ O (2012) Visual integration of diverse environmental data : a case study in Central Germany. In: Proceedings of iEMSs Conference 2012, Leipzig, Germany, pp 1–8 http://www.serprofessoruniversitario.pro.br/ler.php?modulo=18texto=4

IEEE, 1984. IEEE Std. 830 - IEEE Guide to Software Requirements Specification. The Institute of Electrical and Electronics Engineers, New York, USA.

IEEE, 1998. IEEE/ANSI 830-1998, Recommended Practice for Software Requirements Specifications, IEEE, NY. In: Proceedings of the 22nd International Conference on Software Engineering (ICSE), Limerick, Ireland (Jun).

JACKSON, M., 1995. Software Requirements and Specifications: A Lexicon of Practice.

JACOBSON, I., 1992. Object Oriented Software Engineering: A Use Case Driven Approach. Addison-Wesley, New York.

JARVELIN, K. & VAKKARI, P. (1993) The evolution of Library and Information Science 1965-1985: a content analysis of journal articles. Information Processing & Management, v.29, n.1, p. 129-144.

KETTL, Donald. (1996), The Global Revolution. Trabalho apresentado no seminário Reforma do Estado na América Latina e no Caribe. MARE/BID/ONU, Brasilia.

KING, W. R., GROVER, V., HUFNAGEL, E. H. (1989) Using information and information technology for sustainable competitive advantage: some emprirical evidence. Information & Management, 17.

KLOPPROGGE, M. R. 1981. TERM: An Approach to Include the Time Dimension in the Entity-Relationship Model. In Proceedings of the Second International Conference on the Entity Relationship Approach, p. 477-512, Washington, DC.

KNOWLES, M. – The adult learner: a neglected species.3 rd. ed., Houston, New Republic, 1984.

KOTONYA, G., SOMMERVILLE, I., 1997. Requirements Engineering: Processes and Techniques. Wiley, John & Sons Inc.

KRAWCZYK, Nora. Desafios do Ensino Médio no Brasil hoje. Cadernos de Pesquisa, São Paulo, v. 41, n. 144, p. 752-769, set./dez. 2011. KUENZER, Acácia Zeneida (Org.). Ensino Médio: construindo uma proposta para os que vivem do trabalho. São Paulo: Cortez, 2000.

KRAWCZYK, Nora; ZIBAS, Dagmar. Reforma do Ensino Médio no Brasil: seguindo tendências ou construindo novos caminhos? Revista Educação Brasileira, Brasília, v. 23, n. 47, p. 83-102, jul./dez., 2001.

LEFFINGWELL, D., WIDRIG, D., 2000. Managing Software Requirements: A Unified Approach. G. Booch, I. Jacobson, J. Rumbaugh (eds.) The Object Technology Series, Addison-Wesley, NY.

LEITÃO, D.M. (1993) A informação como insumo estratégico. Ciência da Informação, Brasília, v.22, n.2, p.118-123, maio/ago.

LEITE, J., et al., 1997. "Enhancing a Requirements Baseline with Scenarios". In: proceedings of the Third IEEE International Symposium on Requirements Engineering, IEEE Computer Society Press, Los Alamitos, CA, USA, pp. 44-53.

LINDERMAN, E.C. – The meaning of adult education. New York, New republic, 1926.

LOUCOPOULOS, P., KARAKOSTAS, V., 1995. System Requirements Engineering, McGraw-Hill, London.

LOUCOPOULOS, P., KATSOULI, E., 1992. Modelling Business Rules in an Office Environment. ACM SIGOIS (Aug).

LOUCOPOULOS, P.; THEODOULIDIS, C.; WANGLER, B. 1991. The Entity Relationship Time Model and Conceptual Rule Language. In International Conference on the Entity Relationship Approach, 10, San Mateo, California.

MACAULAY, L. A., 1996. Requirements Engineering. Springer, London. Referências MacDONALD, I. G., 1986. "Information Engineering". In: Olle T. W., Sol H. G., e Verrijn- Stuart A. A. (eds.) Information System Design Methodologies: Improving the Practice, Elsevier/North Holland, Amsterdam.

MACEDO, N., LEITE, J., 1999. "Elicit@99: Um Protótipo de Ferramenta para a Elicitação de Requisitos". In: Proceedings of the II (Ibero-American) Workshop on Requirements Engineering (WER99), Buenos Aires, Argentina (Sep).

MACHADO, Felipe Nery Rodrigues, Projeto de Banco de Dados: uma visão prática/Felipe Nery Rodrigues Machado, Maurício Pereira de Abreu, São Paulo, Editora Erica, 1996. (Livro texto)

MACHADO, Felipe Nery Rodrigues. 2018. Banco de Dados-Projeto e Implementação. [S.l.]: Editora Saraiva.

MACHADO, Nilson José. Conhecimento e Valor. São Paulo: Moderna editora, 2004.

MAIDEN, N., 1998. "CREWS-SAVRE: Scenarios for Acquiring and Validating Requirements". Automated Software Engineering, 5(4): 419-446.

MANYIKA, J.; et al. 2013. Open data: Unlocking innovation and performance with liquid information. Mackinsey & Company, Londres. Disponível em: http://www.mckinsey.com/insights/business_technology/open_data_unlocking_innovation_and_performance_with_liquid_information.

McDERMID, J., 1994. "Requirements Analysis: Orthodoxy, Fundamentalism and Heresy". In: Jirotka M. e Goguen J. A. (eds.) Requirements Engineering: Social and Technical Issues, Academic Press, London, pp. 17-40.

MENEZES, Luís Carlos de. O Novo Público e a Nova Natureza do Ensino Médio. Estudos Avançados, São Paulo, v. 15, n. 42, p. 201-208, 2001. RAMOS DO Ó, Jorge. Entrevista realizada por Francisco Eboli com RAMOS DO Ó, Jorge e com COSTA, Marisa Vorraber. Desafios à escola contemporânea: um diálogo. Revista Educação e Realidade, Porto Alegre, v. 32, n. 2, p. 109-116, jul./ dez. 2007.

MERCURIO, V., MEYERS, B. F., NISBET, A. M., RADIN, G., 1990. AD/Cycle Strategy and Architecture. IBM Systems Journal, 29(2).

MEYER, Bertrand. Object-Oriented Software Construction. Prentice-Hall,1997.

MILLER K. – In: GOECKS, R. – Educação de adultos – Uma abordagem andragógica.

MYLOPOULOS, J., CHUNG, L., LIAO, S., WANG, H., YU, E., 2001. "Exploring Alternatives during Requirements Analysis". IEEE Software (Jan/Feb), pp. 2-6.

MYLOPOULOS, J., CHUNG, L., NIXON, B., 1992. "Representing and Using Non-Functional Requirements: A Process-Oriented Approach". IEEE Transactions on Software Engineering, Vol. 18, No. 6 (Jun), pp. 483-497.

NELLBORN, C., BUBENKO, J., GUSTAFSSON, M., 1992. "Enterprise Modelling – The Key to Capturing Requirements for Information Systems". Deliverable 3-1-3-R1,

NUSEIBEH, B., EASTERBROOK, S., 2000. "Requirements Engineering: A Roadmap".

OLIVEIRA, A.B. – Andragogia – A educação de adultos. Disponível em: www.geocities.com/sjuvella/andragogia.html

PERSIVAL, I. (1992). Chaos: a science for the real world. In: Hall, N. (ed.) The new scientist guide to chaos. London: Penguin Books.

POHL, K., 1993. "The Three Dimensions of Requirements Engineering". In: Rolland C., Bodart F., Cauvet C. (eds.) 5th International Conference on Advanced Information Systems Engineering (CAiSE'93), Springer-Verlag, Paris, pp. 275-292.

PRIETO-DIAZ, R., 1990. "Domain Analysis: An Introduction". ACM SIGSOFT, Software Engineering Notes, Vol. 15, No. 2 (Apr), pp. 47-54.

ROBINSON, R., 1996. "Put The Rapid Into RAD". Datamation, Vol. 42, No. 4 (Feb), 80(1).

RUMBAUGH, J. et al., 1991. Object-Oriented Modeling and Design. First Edition, Prentice Hall, Englewood Cliffs, NJ, 1991.

SANTOS, Cleber N. Políticas da Educação a Distância no Ensino Superior: o foco no aluno do Sistema UAB/UFAL. Maceió: UFAL, 2011. 315 f. Dissertação (Mestrado em Educação) – Programa de Pós-Graduação em Educação Brasileira, Centro de Educação, Universidade Federal de Alagoas, Maceió, 2011.

SANTOS, Jair Ferreira dos. O que é Pós-moderno. São Paulo: Brasiliense, 1995.

SCHNEIDER, G., WINTERS, J., 1998. Applying Use Cases: A Practical Guide. Addison-Wesley, New York.

SHAW, M., GAINES, B., 1995. "Requirements Acquisition". Software Engineering Journal, vol. 11.

SHERA, J. H. & Cleveland, D. B. (1977). History and foundations of Information Science. Annual Review of Information Science and Technology, v. 12, p.248-275.

SILVA, Maria Abádia da. Qualidade Social da Educação Pública: algumas aproximações. Caderno CEDES [online], Campinas, v. 29, n. 78, p. 216-226, 2009. Educação & Realidade, Porto Alegre, v. 39, n. 4, p. 1185-1207, out./dez. 2014. Disponível em: Reis 1207

SNODGRASS, r. 1985. A Temporal Query Language. In Conference: Proceedings of the 1985 ACM SIGMOD International Conference on Management of Data, Austin, Texas, May 28-31, 1985. Disponível em:

https://pdfs.semanticscholar.org/e6a7/3129290b9b2fbd7b3c4bdb38d5515aedbde9.pdf. Acesso em 04 dez. 2019.

SOLTYS, R., CRAWFORD, A., 1999. "JAD for Business Plans and Designs". http://www.thefacilitator.com/htdocs/article11.html

SOMMERVILLE, I., 2007. Software Engineering. Eigth Edition, Addison Wesley.

SPOSITO, Marília. Uma Perspectiva Não Escolar no Estudo Sociológico da Escola. Revista USP, São Paulo, n. 57, p. 210-226, mar./maio 2003.

TAUZOVICH, Branka. 1991. Towards Temporal Extensions to the Entity Relationship Approach, San Mateo, California.

TORANZO, M. A., 2002. "Uma Proposta para Melhorar o Rastreamento de Requisitos de Software". Centro de Informática, Universidade Federal de Pernambuco, Tese de Doutorado, Dezembro/2002.

UBALDI, B. 2013. Open Government Data: Towards empirical analysis of open government data iniciatives. OECD Working Papers on Public Governance, nº 22. Disponível em: http://dx.doi.org/10.1787/5k46bj4f03s7-en. Acesso em: 06 mar. 2019.

VAN LAMSWEERDE, A., 2000. "Requirements Engineering in the year 00: A Research Perspective". In: Proceedings of the 22nd International Conference on Software Engineering (ICSE), Limerick, Ireland (Jun).

VAN LAMSWEERDE, A., DARDENNE, A., DUBISY, F., 1991. "The KAOS Project: Knowledge Acquisition in Automated Specification of Software". In: Proceedings of the AAAI Spring Symposium Series, Stanford University (Mar).

VAN ZANTEN, Agnès. L'École de la Périphérie: scolarité et ségrégation en banlieue. Paris: Presses Universitaires de France, 2001.

VILLER, S., SOMMERVILLE, I., 1999. "Social Analysis in the Requirements Engineering Process: From Ethnography to Method". In: Proceedings of the 4th International Symposium on Requirements Engineering, Limerick, Ireland (Jun).

WELLER, Wivian. Grupos de Discussão na Pesquisa com Adolescentes e Jovens: aportes teórico-metodológicos e análise de uma experiência com o método. Educação e Pesquisa, São Paulo, v. 32, n. 2, p. 241-260, maio/ago., 2006.

WIERINGA, R. J., 1996. Requirements Engineering: Frameworks for Understanding. John Wiley e Sons, New York.

YU, E., 1995. "Modelling Strategic Relationships for Process Reengineering". Phd Thesis, University of Toronto.

YUEXIAO, C. (1988) Definitions and sciences of information. Information Processing & Management, v. 24, n. 4, p. 479-491.

ZAVE, P., 1997. Classification of Research Efforts in Requirements Engineering. ACM Computer Surveys, Vol. 29, No. 4.

ZEMAN, J. (1970) Significado filosófico da noção de informação. In: O conceito de informação na ciência contemporânea. Trad. Maria Helena Kühner. Rio de Janeiro: Paz e Terra.

ZIBAS, Dagmar M. L. O Ensino Médio na Voz de Alguns de seus Autores. São Paulo: FCC/DPE, 2001.

"Todo grande sonho começa com um sonhador. Sempre se lembre que você tem dentro de você a força, paciência e paixão para alcançar as estrelas para mudar o mundo."

Harriet Tubman

11 CONHEÇA O AUTOR.

11.1 Prof. Marcão - Marcus Vinícius Pinto.

Figura 61 - O Valor do Capital Humano.

Em minha carreira, que tem sido marcada por décadas de experiência em tecnologia da informação e marketing, é importante destacar minha busca constante pelo aperfeiçoamento e pelo profundo entendimento da ciência da informação e do funcionamento complexo da mente humana.

Apesar do desafio de viver com uma deficiência física, mais especificamente a ausência do pé esquerdo, esse fato singular tem me impulsionado a buscar constantemente superações e a valorizar a singularidade de cada indivíduo.

Atualmente, estou em um momento de consolidação na minha carreira como escritor. Estou profundamente envolvido com temas relacionados à ciência da informação e procuro trazer à tona uma visão perspicaz e abrangente sobre os processos complexos de armazenamento, organização e disseminação de dados.

Por meio das minhas palavras, busco desvendar as complexidades do ser humano e sua mente em todas as suas nuances.

Durante essas décadas, dediquei-me intensamente a projetos de arquitetura da informação, engenharia de atributos e desenvolvimento de software, utilizando diferentes metodologias para garantir a eficiência e qualidade dos produtos que tenho orgulho de criar.

Percebo a importância de propor metodologias que permitam otimizar recursos e melhorar a qualidade dos projetos em bases de dados. Destaco, nesse sentido, os padrões de modelagem de dados e de Data Warehouse, bem como a metodologia de validação e gerenciamento de modelos de dados, fundamentais para alcançar resultados sólidos e confiáveis.

Além de atuar como consultor empresarial, onde ofereço soluções inovadoras para problemas complexos e ajudo as organizações a superarem desafios, também me dedico a compartilhar meus conhecimentos por meio de palestras, treinamentos e mentoria de carreiras e desenvolvimento empresarial.

Ao mesmo tempo, sou produtor de conteúdo no YouTube, o que me permite disseminar ideias e dialogar com um público ávido por conhecimento e inovação.

Ao longo da minha trajetória, tive o privilégio de publicar 32 livros até o momento, todos disponíveis na plataforma da Amazon, proporcionando acesso a um amplo público em busca de conhecimento e insights aprofundados.

No entanto, mesmo envolvido em todas essas atividades profissionais, nunca deixo de lado meu constante processo de aprendizado, encontrando felicidade nas pequenas coisas e perseguindo meus verdadeiros propósitos de ajudar aqueles que me procuram.

Tenho um profundo respeito por todos e dedico-me a atividades que transcendem o trabalho, como o estudo do universo da música no piano.

Além disso, minha vida pessoal também é importante para mim. Sou casado com minha amada esposa, Andréa, desde 1998, e nossa união é repleta de felicidade e companheirismo.

11.2 Alguns livros publicados pelo Prof. Marcão.

11.3 Livros sobre Dados Abertos do Prof. Marcão.

Figura 62 – Alguns livros do Prof. Marcão.

11.4 Como contatar o Prof. Marcão.

Para palestras, treinamento e mentoria empresarial faça contato no meu perfil no LinkedIn ou pelo e-mail marcao.tecno@gmail.com.

Será um prazer interagir com você.

Prof. Marcão – MARCUS VINÍCIUS PINTO

CONSULTORIA | MENTORIA | TREINAMENTO | PALESTRAS

marcao.tecno@gmail.com

https://bit.ly/linkedin_profmarcao

Seja meu seguidor e tenha acesso a conteúdos imperdíveis!

Instagram: https://bit.ly/3tpZ5kp

YouTube: https://bit.ly/4ah44nT

Linkedin: https://bit.ly/linkedin_profmarcao

Minha página de autor na Amazon: https://amzn.to/3S2xCgL

Spotify: https://spoti.fi/3c0fClN

Linktree: https://linktr.ee/tudo_prof.marcao

MINHA EMPRESA DE CONSULTORIA: https://mvpconsult.com.br/

Figura 63 – Vamos valorizar os professores.

www.ingramcontent.com/pod-product-compliance
Lightning Source LLC
Chambersburg PA
CBHW080918220526
45465CB00008BA/2853